영어 영어 영어...

어릴 적에도 그랬고, 이제는 그 어린 시절의 자녀를 키울 나이가 된 지금도 영어교육에 대한 한국인들의 열망은 사그라들지 않는다. 아니, 경기가 힘들다는 시기에도 영어의 사교육 시장은 매년 성장해 현재 10조원 대를 육박한다고 하니 놀랍기만 하다.

추천사를 쓰는 나도 특별히 극성맞은 부모에게 교육받은 것은 아니지만, 영어 사교육 열풍에 충실히 부응하며 살아왔다. 중고등학교 시절엔 '우선순위 영단어'를 바이블처럼 들고 다니며 학원 단어 시험을 준비하였고, 대학 졸업반 때는 영어 학원에서 파트타임 강사로 일하며 학생들에게 내가 공부했던 것과 똑같은 단어 시험을 준비시켰다. 취업준비생 시절엔 토익위원회에 수 십만 원의 응시료를 갖다 바친 기억도 있다.

그러면서 내가 경험한 영어는 단어를 외워야 잘할 수 있는 '암기 영역의 공부'였다. 그러한 시기를 거치며 업무에서, 인간관계에서 영어의 필요성을 절감하고 있을 때쯤 만난 이승범 교수님의 강의는 무릎을 탁 치게 만드는 반가움과 함께 적지 않은 억울함이 밀려오는 복합적인 감정을 안겨줬다. 영어와 한국어 구조의 근원적인 차이점을, 영어는 동사의 언어라는 점을, 정확성이 중요한 언어라는 것을 수십 년 간의 영어 교육 과정에서 그동안 나에게 왜 아무도 알려주지 않았을까 라는 의문점과 함께.

다소 직설적인 제목의 이 책은 '한 권으로 영어 끝내기'같은 환상 적이거나 실현 가능하지 않은 비전을 제시하지는 않는다. 그러나 그 어떤 영어 관련 도서에서도 말하지 않았던 신선하면서도 영어에 대한 본질적인 관점을 제시하며 '영어식 사고'가 무엇인지를 확실히 깨닫게 해 준다. 그리고 그 깨달음은 '영어'라는 언어 전체를 조망할 수 있게 해줌으로써 기존보다 영어를 '좀 더 잘하는' 것이 아닌 상상하지 못했 던 새로운 레벨로의 진입을 가능하게 해 준다.

더불어 언어와 한국 사회 영어공부 열풍에 대한 조망과 이에 대 한 이승범 교수님만의 독특한 시각은 4차 산업혁명 시대를 살아갈 우 리들과 다음 세대들에게 혜안을 안겨주고 있다. 책이 나오면 가장 먼 저 대한민국의 정글 같은 사교육 시장에서 아이의 영어공부를 어떻게 시킬지 고민 중인 친구에게 달려갈 예정이다. 이 책이 영어교육과 최 근의 가장 큰 화두인 '창의력'이 과연 무엇인가라는 점에서 우리 사회 에 꼭 필요한 비전을 제시하고 있다는 것을 믿어 의심치 않기 때문이다.

장서윤 스포츠한국 엔터테인먼트부 차장
('0509장미프로젝트' '613투표하고웃자' 기획자)

영어에 대한 통쾌한 복수

영어는
개소리

영어가 '개소리'인 이유

책 제목에 '개소리'라는 다소 자극적인 단어를 쓴 이유가 있다. 독자들이 영어를 바라보는 관점을 바꾸는데 '개소리'라는 단어가 충격 요법으로 도움을 줄 수 있기 때문이다. 이를 세 가지 관점으로 나누어 설명하고자 한다.

첫 번째는 우리말과 개의 소리의 차이점, 즉 공통점이 없다는 것이다.

개는 어떤 소리를 내는가? 혹은 어떻게 짖는가? 우리는 '멍멍'이라고 표현하지만, 정작 실제 개의 소리는 전혀 다르다. 조금 더 비슷하게 '왈왈', '웡웡' 등으로 시도를 한다 해도 개가 짖는 소리는 그렇지 않다. 개가 짖는 소리뿐만 아니라 어떠한 개의 소리도 우리말로 표현할 수는 없다.

영어도 마찬가지이다. 영어소리는 우리말 소리로 낼 수 없다. 우리가 오해하는 것은, 흔히 'R', 'F', 'V' 등이 특히 우리말에 없는 발음이라고 생각하지만, 엄밀히 말하면 음성학적으로 영어의 모든 발음이 우리말의 발음과 일치하지 않는다. 'M'은 'ㅁ'으로 발음되지 않으며, 'L'은 결코 우리말 'ㄹ'로 발음되지 않는다.

우리가 'M'을 'ㅁ'으로 발음하는 이유는, 사람은 자신의 언어의 기호(즉 글자)로 소리를 받아들이는 성향이 있기 때문이다. 그래서 우리식의 영어발음이 생기는 것이다. 우리가 실제 개의 소리를 흉내 내려면 우리말의 영역을 벗어나야 하듯이, 영어도 우리말을 떠나서 발음하면 실제 영어 발음을 낼 수가 있게 된다.

여기에 중요한 시사점이 있다. 사람은 뭔가를 받아들일 때 자신이 가진 기존 생각의 틀에 맞춘다는 것이다. 이를 벗어나기 힘들다. 영어도 소리만 그런 것이 아니라, 영어를 구성하는 모든 체계, 즉 단어의 의미나 문장의 구조 등을 우리말의 틀로 받아들이려고 한다는 것이다. 하지만 영어는 우리말과 공통점이 전혀 없는 언어이다. 애초에 안 되는 일을 하는 것이다. 쉽게 말해 영어를 받아들일 때 우리말(생각조차도)을 사용하면 안 된다는 것을, '개의 소리'와 마찬가지로 영어도 우리말로 표현할 수 없다고 은유적으로 이야기한 것이다.

우리말의 소리를 떠나면 실제 '개의 소리'에 가까워지는 것처럼, 영어도 우리말의 사고 틀을 벗어나면 영어식으로 이해가 가능하고 게다가 무척 쉬워진다. 이 책은 우리말로 설명되지 않는 영어의 모습을 주로 설명하고 있다.

두 번째는 영어에 대한 이야기 중
정말로 '개소리'가 많다는 것이다.

'개소리'는 '당치않은 소리를 지껄일 때 욕으로 하는 말'을 의미하기도 한다. 우리가 영어를 접할 때 버려야 할 것들이 많다는 의미이다. 우리는 굳이 원어민처럼 영어를 할 필요가 없다. 특히 '미국식 영어'를 영어의 표준으로 생각하는 경향도 있는데, 그야말로 '개소리'이다. 쓸데없는 것으로 영어를 어렵게 만들지 말아야 한다. 우리가 시도하는 영어 학습 중에는 우리에게 불필요한 부분이 많다. 영어는 배워야 하는 목적에 따라 필요한 부분이 달라진다. 영어의 모든 부분에 익숙해지는 것은 불가능하고, 그럴 필요도 없다(사실 우리도 우리말의 모든 부분에 다 익숙한 것은 아니다). 먼저 목적을 명확히 한 후 필요 없는 부분들을 과감히 버리고, 중요한 점만 챙기면 영어는 무척 쉬워진다. 이렇게 되면 오히려 경쟁력 있는 영어를 쉽게 구사할 수 있다. 게다가 이 두 번째 관점에는 '영어는 개소리'라는 문구를 통해 그동안 우리를 괴롭힌 영어에 실컷 욕을 해주자는 의미도 있다.

세 번째 관점은 좀 다르다.
영어에도 '개' 멋진 점이 있다는 것이다.

영어는 우리말과 다르다. 우리말이 영어가 가지지 못한 점을 갖춘 훌륭한 언어이듯이, 영어도 우리말이 가진 야점을 극복할 수 있는 훌륭한 언어임에 틀림없다. 특히 영어를 사용하게 되면 생각이 무척 정교해지고 분명해진다. 오히려 영어와 우리말에 공통점이 없다는 점을 이용하면 우리의 사고의 틀을 확장할 수 있는 기회도 된다. 이러한 생각의 확장은 머리에만 머무르지 않고 우리의 삶에 지대한 영향을 미칠 수 있다.

이 책을 통해 '영어가 개소리'라는 이 세 가지 관점의 맥락을 계속 이어가겠지만, '개소리'라는 불편한 단어는 본문에서는 직접적으로 쓰지 않고 이야기를 전개하고자 한다.

누구나 잘하고 싶어 하는 '영어'

영어를 잘하는 것은 우리나라 사람들의 소원, 아니 숙원이라 해도 과언이 아니다. 아무리 오랫동안 해도 안되니 말이다. 대부분의 사람들이 영어를 잘하고 싶어 하지만, 그 대부분 중 대부분은 영어를 못한다. 그것도 우리가 생각했던 것보다 훨씬 못한다. 심지어 우리가 보기에 영어를 잘하는 것처럼 보이는 사람들, 예를 들어 성적이 우수한 사람들이나 해외 생활을 오래 한 교민들조차 사실은 영어를 잘 못하는 경우가 많다. 게다가 우리가 이런 현상조차 잘 모르는 이유도 우리가 가진 영어실력으로는 이들의 영어를 판단할 수 없기 때문이다. 그래서 우리는 영어의 잘하고 못함을 단순히 영어의 겉모습(소리)만 보고 판단하는 경향이 있다. 특히 가장 익숙한 영어소리를 가장 잘하는 영어로 생각한다. 그 소리가 바로 미국식 영어이다. 그리고 막연히 미국 사람처럼 영어를 하려고 노력한다. 그러나 우리는 미국 사람처럼 영어를 할 수도 없고, 할 필요도 없다.

우리의 영어 현실이 이렇게 된 이유에는 우리 사회에 만연한 미국 중심의 세계관이 가장 큰 역할을 했겠지만, 그 이면에 여러 가지 잘못된 복합적인 관행이 있을 것이다. 이 책에서는 이런 관행들도 여러 관점에서 짚어보고 해결책을 논하고자 한다.

우리가 영어를 제대로 못하는 이유 중 또 다른 하나는 우리에게 영어가 필요 없기 때문이다. 곰곰이 우리 스스로 마음 속 깊은 곳의 목소리를 들어보시라. '나에게 영어는 필요 없다'는 솔직한 답변이 들릴 것이다. 주변에서 영어가 중요하다는 얘기를 들어왔고 있고, (미국)영어를 잘하는 사람들이 좋은 대우를 받으니 이들이 부러운 것은 아닐까. 사실 일반적으로 우리는 외국인들과 소통할 일도 별로 없지 않은가?

사람은 필요하거나 재미있는 일을 하게끔 되어 있다. 그렇지 않은 일을 (억지로) 하게 되면 스트레스가 된다. 조금 더 강조하자면 사람들은 꼭 필요하거나 재미있는 일을 우선적으로 하는 경향이 있다. 그런데 영어는 필요도 없고 재미도 없다 (고 생각한다).

"영어 공부할 시간이 없어"

이렇게 말하는 사람들은 스스로 영어가 우선순위에서 밀

려 있다고 직접 말하는 것이다. 필요가 없으니 안 하는 것이고, 자신의 필요성이 아닌 마치 관행과 같은 사회적 요구로 영어를 받아들이는 것이다. 과연 어떤 잘못된 관행들이 있는지 살펴본다. (1부 내용)

물론 영어가 정말로 필요한 사람들도 있다. 글로벌 사업을 하거나, 유학 혹은 이민을 가거나, 기타 다른 이유로 외국인들과 직접 소통하는 환경에 처해 있는 사람들이다. 이때는 영어가 절실히 필요하다. 그리고 영어 공부를 본격적으로 한다. 안타깝지만 그렇다 하더라도 영어를 못하는 사람들이 대부분이다.

왜일까?

그 이유를 간단히 말하면, 우리는 원어민들을 따라 하기 때문이라고 말하고 싶다. 원어민들도 우리가 어떻게 영어를 습득해야 효과적인지 전혀 모른다. 왜냐면 영어는 그들에게 당연한 감각이기 때문에 우리에게 알려줄 수가 없다. 영어를 모국어로 사용하는 원어민들도 잘 모르는 영어에 대한 이야기를 풀어내고자 한다. 이를 알면 의외로 문제를 쉽게 해결할 수 있다.

(2부 내용)

　생각의 틀은 언어로 그 체계가 잡힌다. 쉽게 말해 '생각도 언어(특히 모국어)로 한다'는 것이다. 지금 뭔가 생각해 보라. 이미지가 아닌 이상 그 생각도 우리말로 하고 있을 것이다. 즉 우리의 지적 영역은 우리의 언어 영역과 거의 일치한다. 그래서 외국어를 제대로 습득하게 되면 또 다른 지적 영역과 만나게 되는 것이다. 게다가 영어와 우리말은 서로 간에 공통점이 없는 관계이다. 따라서 우리가 영어를 하게 됨으로써 얻을 수 있는 소득은 상상을 초월한다. 이런 내용까지 이 책에서 다루고자 한다. (3부 내용)

　비록 한 권의 분량이지만 여기서 우리의 영어 현실과 잘못된 점들, 영어를 잘하는 방법, 그리고 영어를 통해 얻을 수 있는 혜택들을 모두 다루어 본다. 이 책을 읽은 후에는 여러분들이 기존에 가지고 있던 영어와 관련된 생각들이 완전히 바뀌어 있음을 실감하게 될 것이다.

차 례

1부　우리도 (그리고 원어민도) 잘 모르는 대한민국 영어

2부 원어민은 모르는 영어 원리 (조금만 생각을 바꿔도 쉬워지는 영어)

3부 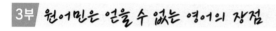 원어민은 얻을 수 없는 영어의 장점

우리도
(그리고 원어민도)
잘 모르는
대한민국 영어

Part

1

영어 공부의 효율성이
가장 떨어지는 나라

　세상에서 영어를 가장 못하는 사람들이 모인 국가는 어디일까? 우리나라? 그렇진 않을 것이다. 아마도 영어 혹은 글로벌화와 거의 상관이 없는 나라의 사람들일 것이다. 그들과 다르게 우리에겐 영어가 제법 필요하다. 그러나 짐작하다시피 영어가 필요한 나라들 중에서는 단연 우리나라 사람들이 영어를 가장 못하는 축에 속한다. 이미 알고 있던 사실이라고 생각할 수 있다. 그러나 이에 대한 원인은 여러분이 알고 있는 것만큼 그리 단순하지 않다.

　국내에 살면서 영어를 잘하고자 한다면, 영어 공부의 현실에 대해 아는 것이 꼭 필요하다. 이 책에서 제시하는 영어 공부에 대한 관점은 여러분에게 완전히 새롭게 다가갈 것이다. 우선 우리의 영어능력 점수를 확인해 보자. 그리고 그 점수 이면에 숨겨져 있는 우리 영어의 현실을 파헤쳐 보자.

　우리나라의 영어 순위에 대한 성적은 그리 나쁘지 않다. 오히려 그 반대이다(물론 여기에 안심하거나 속지 말아야 한다). EF EPI

(EF English Proficiency Index: 에듀케이션 퍼스트 영어 능력 평가 지수)로 살펴보자. 영어가 모국어가 아닌 국가를 대상으로 매년 정기적으로 조사되어 발표되는 신뢰성 있는 참고 자료다. 그 결과 우리나라는 80개국 중 30위에 해당되는 '양호' 단계로 나타났다. 우수, 양호, 보통, 미흡, 부족 등 총 5 단계로 나누어져 있는데, 2번째로 높은 단계이니 말 그대로 '양호'한 편으로 보인다.

여러분의 국가의 결과

대한민국
80개 국가 중
30위

요약　영어능력지수 등급 양호
EF EPI 점수 55.32
아시아 20개국 중 6위

　또 다른 평가 척도로서 전 세계 거의 모든 나라의 영어능력을 평가하는 미국 교육평가원 (ETS, Educational testing service)의 2009년도 조사 결과가 있다. 여기서도 한국인의 읽기 순위는 157개국 중 35위로 준수한 성적을 받았다(이는 영어를 모국어로 사용하는 국가도 포함하므로 상당히 높은 점수라고 할 수 있다).

　여기까지 보면 우리의 영어실력은 평균을 훨씬 상회하는 중상위권 성적이다. 단, 우리나라의 한해 전체 영어 사교육비가 10조 원을 훌쩍 넘긴다는 결과를 고려하면(영어 교육에 투자하는 비용은 전 세계

최고라는 뜻이다), 투자에 비하여 형편없는 결과라고 평가하기도 한다. 그렇다 하더라도 높은 성적임은 틀림없는 사실이다. 그럼 이렇게 생각할 수 있다. 우리가 이렇게 영어를 잘 하나?

이제 진짜 우리의 영어 현실에 대해 이야기해 보자.

우리의 영어 현실을 그대로 반영하는 결과도 있다. 위와 동일한 평가에서 말하기 순위는 121위로 거의 최하위권의 성적을 받았다. 읽기와 말하기 순위에서 이렇게 큰 차이를 보이는 나라는 없다. 게다가 드러난 순위 평가 이면에 나타난 냉혹한 현실이 있다. 해외 생활을 오래 한 한국인들 혹은 한국인을 많이 접하는 외국인들이 공통적으로 하는 이야기가 있다.

"세계 무대에서 영어를 가장 못하는 사람들은 확실하게 한국 사람과 일본 사람들이다."

좀 못하는 것 같다고 이야기하는 것이 아니라 확실하게 가장 못한다는 것이다. 이것이 우리의 현실이다. 이러한 사실들은 실제 데이터로는 잘 나타나지 않는다. 그러나 이 평가가 오히려 적절하다고 봐야 한다. 그렇다면 우리나라 사람들이 무능한 것인가? 아니다. 오히려 그 반대이다. 그 이유는 이 책을 읽어 나가다 보면 자연스럽게 수긍하게 될 것이다.

앞의 이야기를 토대로 정리해 보면, 여기서 두 가지 의문점을 생각해 볼 수 있다.

1. 진짜 영어 실력은 무엇으로 평가해야 하는가? 읽기인가? 말하기인가?
2. 우리의 읽기와 말하기 능력에는 왜 이렇게 큰 차이가 발생하는가?

첫 번째 물음에 대한 답으로 우리의 읽기 능력 점수는 가짜라고 말할 수 있다. 우리의 영어 현실은 말하기 능력 순위가 맞는다고 봐야 한다. 모든 나라 사람들을 그렇게 평가해야 한다는 것이 아니라 우리 나라 사람들의 영어 실력을 판단하는 경우에 그렇다는 것이다.

영어 '말하기'는 해석이나 번역을 할 수 있는 시간적인 여유가 없 다. 언어로써 제대로 활용되기 위해서는 소위 '버퍼링이 없이' 즉각적 으로 꺼내 쓸 수 있어야 하는 것이다. 그런데 우리는 영어를 해석하려 는 아주 오래된 습관이 있다. 다시 말해 영어를 받아들일 때 한국어를 머릿속에서 꺼낸다는 것이다. 문제는 여기서 발생한다. 한국어를 생각 하는 순간 이미 그 영어를 제대로 이해할 수 없게 된다. 영어는 우리말 로 생각하면 안 되기 때문이다. 영어를 해석하는 습관이 영어를 제대 로 못하게 만들고 있는 것이다.

반면 프랑스어나 독일어를 사용하는 사람(영어와 비교적 가까운 언어)은 어느 정도는 자신의 언어 영역 안에서 영어를 받아들일 수 있 기 때문에 해석하는 노력을 해도 언어적 이질감이 적다. 그러나 영어 와 공통되는 부분이 거의 없는 한국어의 경우 그럴 수가 없다는 것이 다.

하지만 영어 '읽기'는 상대적으로 우리말로 해석할 수 있는 시간적 여유가 있다. 그래서 이 약간의 시간 동안 단어의 뜻과 어순도 한국어로 바꾸어 생각해볼 시간이 있는 것이다. 우리는 이 과정을 '해석'한다고 하지만 어찌 보면 사실 '해독'이라는 표현이 더 어울리는지 모르겠다. 비록 한국어를 통하지만 이렇게라도 문장의 의미를 받아들인다면 어느 정도는 영어를 이해했다고 할 수 있다. 게다가 이런 과정은 다른 나라 사람들 보다 빨리 처리하는 훈련이 되어 있을 것이다. 이 경우 영어를 잘하는 것처럼 보인다. 하지만 우리가 처절하게 경험하다시피 결국 한계점을 만나게 된다.

똑똑한 우리 민족이
영어를 못하는 이유

　우리는 확실히 똑똑한 민족이라고 할 수 있다. 앞으로의 미래가 더욱 기대된다. 한국 사람들은 다가올 시대에 전혀 뒤처지지 않는 두뇌를 가지고 있다는 뜻이다. 그 이유 중 하나는 우리가 한국어를 사용하기 때문이라고 주장하고 싶다. 한국어를 사용함으로써 우리는 엄청난 덕을 볼 수 있다는 뜻이다(이 책에서 자세히 설명된다). 하지만 영어를 배우는 입장에서는 오히려 한국어를 쓰는 것이 영어를 못하게 하는 커다란 장벽이 된다.

　앞에서 제시된 의문점, 즉 우리의 영어능력에 대한 답을 구하기 위해서는 언어 영역(혹은 우리말 영역)에 대한 개념을 알아야 한다. 인간의 뇌는 모국어를 통해 생각의 틀이 만들어진다. 쉽게 말해 우리는 생각도 우리말로 하는 것이다. 우리가 바라보는 세상을 주로 언어를 통해 생각하고, 그것을 정리하고 해석하는 것도 언어를 통한다. 즉 인간의 지적 영역은 우리가 사용하는 언어의 넓이와 깊이로 결정된다고 볼 수 있다.

　지적 영역이 작은 사람은 그 사람의 가진 언어영역도 작을 것이고, 반대로 언어 영역이 크다면 지적 영역도 크게 된다. 물론 이 둘에 큰 차이를 보이는 예술가와 같은 사람들도 있지만, 대체적으로 언어영역은 우리의 지적 영역과 거의 비례한다고 할 수 있다. 다시 말해, 우리의 언어 수준은 생각의 수준과 대략적으로 일치한다.

　"그 사람이 어느 정도 똑똑한지 아는 방법은 그 사람이 쓰는 언어로 판단할 수 있다는 것이다."

　앞에서 생긴 의문들, 즉 왜 우리는 영어를 못하는가?에 대해 자세히 답을 해보기 위해 우리의 언어 영역(한국어 영역)에 외국어 영역을 접목해 보자. 결론부터 이야기를 하자면 우리가 영어를 못하는 이유는 태생적으로 당연하다. 우리말과 영어는 공통부분이 없기 때문이다.

언어 간 거리를 분석한 어족(language family) 지도라는 것이 있다. 그중 영어와 우리말은 어떤 언어 관계보다도 멀다. 단순히 먼 것이 아니라 가장 먼 거리의 언어라고 할 수 있다. 이 말은 아래의 그림과 같이 우리가 영어를 제대로 하려면 이해해야 하는 영역이 가장 많아져야 한다는 의미이다.

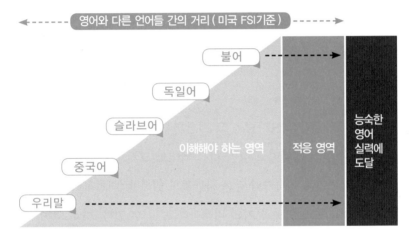

이 내용을 토대로 더 깊숙이 생각을 해보자. 언어 거리에 대한 개념을 간단히 그림으로 설명하면 아래와 같다.

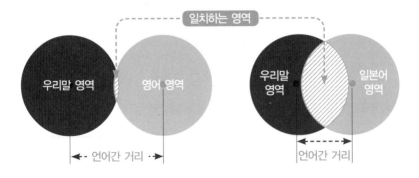

위의 그림을 통해(과학적 근거라기보다는 이해를 돕기 위한 일종의 개념도이다) 영어는 우리말과 거리가 아주 멀다고 볼 수 있고, 일본어는 우리말과 가까운 언어라는 것을 짐작할 수 있을 것이다. 그런데 이 그림에서 가장 주목해야 하는 부분은 빗금 친 공통의 영역이다. 언어의 cognation(동족 관계) 등의 어려운 단어를 굳이 꺼내지 않더라도, 그림을 통해 영어는 우리말과 공통되는 부분의 거의 없다는 것을 알 수 있다(사실 전혀 없다고 봐야 하지만, 현대 문명을 일정 부분 공유하고 있기 때문에 겹치는 부분이 아주 약간이나마 발생하기 시작했다). 영어를 기준으로 본다면 글로벌화된 언어 중 한국어는 공통된 영역이 거의 없는 몇 안 되는 언어이다. 그러니 우리가 영어를 못하는 것은 당연한 이야기라는 의미이다. 그렇다면 우리는 어떻게 해야 할까?

일단 첫째로 중요한 것은
"영어는 우리말로 해석해선 안 된다"는 것이다.

앞서 설명한 대로 우리가 영어를 못하는 가장 큰 이유는 영어를 해석하기 때문이다. 공통되는 영역이 없는 언어끼리는 '해석'이라는 것은 할 수가 없다. 영어를 해석하지 말라고? 그럼 영어를 어떻게 이해해? 이제 그 방법에 대한 이야기를 해보자.

영어는 해석할 수 없고
해서도 안 된다

언어에 있어서 '해석'의 사전적인 정의는 이렇다.

"외국어로 된 언어를 자기 나라의 언어로 풀이함"

앞서 설명했듯이 우리말과 영어 사이에서는 공통부분(cognition)이 존재하지 않는다. 이는 해석이 불가능한 언어 관계라고 할 수 있다. 더 정확히 말하자면 한국어를 사용하는 우리는 영어를 해석해서 받아들이면 안 된다는 의미이다. 영어는 독일어, 프랑스어로 해석될 수는 있다. 그러나 우리말로는 해석될 수 없다. 이는 언어 사이의 거리가 멀어서라기 보다 공통되는 기본 바탕이 아예 없기 때문이다. 가까운 거리의 언어들은 직접적인 해석이 어느 정도 가능하지만 공통분모가 없는 언어 사이에서는 불가능하다고 봐야 한다. 영어를 공부하기 위해 해석을 시도하는 것 자체가 애초에 잘못된 일이며 결국 그 노력이 우리의 영어 실력 상승을 방해하고 있는 셈이다.

예를 들어 보겠다.

"Run"

어떤 한국어가 떠오르는가?

"뛰다"가 연상될 것이다.

하지만 사실 'Run=뛰다'라는 공식은 성립되지 않는다.

Run은 무언가 열심히 혹은 급속히 움직임이 있을 때 쓸 수 있는 단어이다.

I run은 내가 직접 열심히 혹은 빠르게 움직이는 것이기 때문에 우리말로 "뛰다"라는 단어를 적용할 수 있지만, run을 사용하는 다른 수많은 경우에는 '뛰다'라는 개념이 적용되지 않는다.

예를 들어 자동차에 기름이 거의 다 떨어지고 있을 때

My gasoline is running out (기름이 바닥나고 있어)라고 표현한다.

기름의 양이 급속히 out 되고 있다는 것을 묘사하는 표현이다. 우리말 '뛰다'의 개념을 여기에 적용시킬 수는 없을 것이다. 즉 run ='뛰다'는 적용되지 않는 공식이다. 아래의 그림과 같이 종종 상황에 따라 공통되는 유사한 의미가 있는 것뿐이다. 그리고 그 공통부분은 생각보다 매우 좁다.

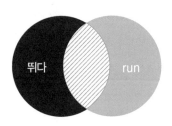

다른 예로 **I run my business**는 내가 사업을 열심히 움직이게 했기 때문에 "운영하다"라는 다른 의미로 적용해야 한다. 결국 run이라는 영어 단어를 이해하기 위해서는 '뛰다'라는 단어를 빨리 벗어나야 한다. run의 개념을 설명할 수 있는 우리말 단어는 존재하지 않기 때문이다. 단지 그때그때 상황에 따라 어울리는, 대신할 수 있는 우리말을 찾을 수 있을 뿐이다. 이는 run에만 해당되는 사항이 아니다. 우리가 너무나 많이 그리고 아무 생각 없이 사용하고 있는 영어 단어의 대부분이 위와 같은 불일치가 발생한다. 예외가 있다면, 같은 문화적 배경으로 새로 생겨난 새로운 단어나 전문적인 용어 등 극히 일부만이 일치한다.

예를 들면 '재벌'과 같은 단어 등이다.
'재벌'이 영어로 무엇인지 아는가?
바로 '재벌'이다. 영어로 쓰면 바로 chaebol, 즉 '재벌'이라는 한국어 단어가 영어가 된 것이다. 재벌식 경영구조는 우리나라에 존재하는 독특한 개념이고 외국에는 없었기 때문이다. 그래서 우리말 '재벌'이 곧 영어로 chaebol(채벌)이 되었다. 이런 경우만 영어와 우리말이 일대일로 일치된다. 그런데 이런 경우가 얼마나 되겠는가? 거의 없다고 봐야 한다. 게다가 단어 사용의 문화적 배경이 다르면 해당 단어의 의미도 조금씩 변하거나 확대되기 때문에 시간이 지나면 이러한 일대일 일치가 이루어지지 않을 수도 있다.

다시 본래 주제로 돌아와 보자. 여기서 한 번쯤 생각해 봐야 하는 점이 있다.

① run = 뛰다

② run ≠ 뛰다

①과 ②중 하나를 받아들여야 한다면 어떤 것을 받아들이겠는가? 물론 부분적으로 ①도 맞는 것 아니야? 라고 생각할 수도 있다.

그러나 그러한 생각은 영어 공부에 있어서 훨씬 더 위험할 수 있다. **Run**을 '뛰다'로 받아들이면 의미가 유사한 상황에서는 이해가 되지만, 그렇지 않은 상황에서는 이 '뛰다'라는 개념 때문에 오히려 **Run**을 이해하지 못하게 되기 때문이다. 따라서 우리는 ②번으로 생각해야 한다.

이 사례와 같이 우리말 해석이 영어의 이해를 철저히 방해하고 있으며, 이것이 영어를 해석해서는 안 된다고 하는 이유인 것이다. 마찬가지로 **study**는 '공부하다'로 받아들여도 괜찮을 경우가 있지만 오히려 '공부하다'라는 해석이 study를 이해하지 못하게 한다. work 역시 '일하다'가 아니며 wear도 '입다'가 아닌 것이다.

단어 활용의 폭도 제 각각이다. 우리말에 '입다'는 '옷을 입다'에 쓰이고, 안경은 '쓰다', 신발은 '신다', 장갑은 '끼다'라고 표현하지만 영어로는 모두 wear라고 표현한다. wear의 활용이 훨씬 큰 것이다. 게다가 우리말의 '입다'는 다른 쪽으로 확대되어 쓰인다. '은혜를 입다', '상처를 입다' 등으로 무언가를 둘러싸는 의미로도 쓰이지만, 영

어에서 wear는 <u>모든 '접촉'의 의미</u>에서 쓰이고 있다. 그래서 위와 같은 그림을 그려볼 수 있다.

wear는 향수를 뿌리거나 화장을 하거나 특정한 표정을 짓는 것에 모두 쓸 수 있으며, 심지어 'worn out'이라는 '마모되다'라는 표현까지 확대해서 쓴다. wear를 이렇게 모든 '접촉'의 이미지로 받아들이면 쉽게 활용할 수 있으나, 단순히 우리말 '입다'라는 단어로 이해하면 절대로 자연스럽게 받아들일 수 없을 것이다.

사실 영어와 우리말의 공통 부분이 커 보이는 이유는 우리의 생각이 온통 이 공통부분(wear='입다')에만 쏠려 있기 때문이다. 기존의 우리말 틀을 벗어나지 못한다는 뜻이다. 해당 부분만을 바라보고 다른 부분은 예외 상황이라고 생각하기 때문에 이 공통부분이 생각보다 넓다고 오해하는 것이다.

wear ≠ '입다'의 사례는 모든 단어에 적용된다.

즉 모든 영어 단어 ≠ 한국어 단어 (**현대에 새롭게 생성된 단어는 제외**)인 것이다. 영어단어는 어떠한 한국어 단어와도 1 대 1의 관계가 성립되지 않는다. 그래서 한국어를 영어로 바꿀 수도 없지만, 영어를 한국어로 바꿀 수도 없다. 영어는 우리의 생각(언어의 영역) 밖에 존재하는 다른 지적 영역으로 봐야 한다. 그럼 어떻게 그 개념을 받아들여야 하나? 방법이 있기는 한가?

앞으로 그 방법에 대해 말하고자 한다. 그리고 이 방법은 우리에게 더없이 좋은 기회를 제공할 수 있다.

영어 해석의
한계점과 대안

이제 우리는 왜 영어의 읽기 능력과 말하기 능력에서 큰 차이를 보이는지 명확한 답을 구해보고자 한다. 언어영역은 순간적인 감각의 영역이라고도 할 수 있다. 모국어는 그렇게 사용할 수 있도록 우리의 뇌가 구성되어 있다.

다시 말해 한국어의 감각과 사고의 영역을 가진 우리는 영어를 즉각적이고 자연스럽게 사용할 수가 없다. 그래서 영어로 말을 제대로 못 뱉는 것이다. 그런데 대화를 할 때는 언어의 즉각적인 반응이 매우 중요하다. 영어를 우리말로 바꾸는 것, 즉 해석하는 과정을 통해서는 이러한 반응을 이끌어낼 수 없다. 또한 영어 문장 구조에 대한 감각을 가지고 있지 않다면 문장을 만들어 내는 '쓰기'도 부자연스럽게 된다(앞서 얘기했듯이 '읽기'는 좀 다르다).

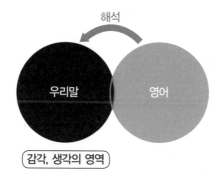

억지로 영어를 상황에 따라 우리말로 바꿔볼 수는 있다. 따라서 읽기는 즉각적인 반응이 필요한 말하기와는 달리 약간의 시간적 여유가 있기 때문에 어느 정도는 영어의 내용을 파악할 수는 있게 된다. 그래서 '읽기'능력으로 영어 능력을 측정하면 우리는 나름 높은 점수를 받을 수 있는 것이다. 하지만 이러한 상태로는 일정 수준의 영어 레벨을 벗어나지 못한다. 앞서 설명했듯이 우리말로 해석하는 순간 정보가 왜곡될 수밖에 없기 때문이다. 소위 '리스닝'이 되는 것처럼 느끼는 것도 착각일 수 있다. 영어문장을 들을 때, 중간중간 알아듣는 '영어단어'를 우리식 사고(우리말 문장)로 조합해서 이해하는 것이지, 영어문장을 통째로 받아들이는 것이 아닐 수 있다. 그래서 '영어를 어느 정도 알아듣기는 하는데, 영어로 말은 못 한다'라고 하는 것이다. 이런 '리스닝'으로는 어느 정도 의미를 유추해 낼 수 있지만 정확도는 떨어지기 마련이다.

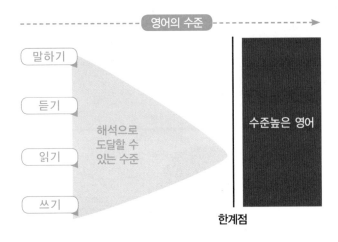

위의 그림과 같이 말하기, 듣기, 쓰기와는 달리 읽기를 통해서는 영어 문장의 의미를 가장 많이 알아낼 수 있다. 이 그림의 또 다른 시사점은 우리말 해석을 통한 영어의 의미 파악만으로는 <u>높은 수준의 영어에는 절대로 도달하지 못한다</u>는 것이다.

이번엔 더 심각하게 오류를 범하는 경우를 보자.

practice

위의 단어는 무슨 뜻인가? '연습' 혹은 '연습하다'가 떠오를 것이다. 만약 직장 상사에게 어떤 일을 해야 할지 말아야 할지 의사결정을 묻는 상황이라고 가정해 보자.

직원 : 이 일을 할까요? 말까요?

상사 : Practice it.

저 상사의 대답은 아직 하지 말고 좀 더 연습해보라는 뜻일까?

이 경우 '실행해라'라는 의미이다. Practice를 '연습하다'라는 뜻으로 받아들이면 더욱 헷갈리는 상황이 발생할 수 있다. Practice의 본래 의미는 '(같은 일을) 반복하다'에 가깝다. 그래서 우리말로 '연습하다'라는 의미도 지니지만, '실행하다'라는 의미로 사용할 수 있는 것이다.

그런데 우리말로 '연습하다'와 '실행하다'는 같은 의미인가? 전혀 다른 뜻이다. 게다가 이 두 단어는 완전히 상반되는 의미일 수 있다. 연습은 훈련의 뜻이고, 실행은 진짜로 하는 것이기 때문이다. 그런데 신기하게도 practice라는 단어는 우리에게 이 반대되는 두 개념을 동시에 가지고 있다.

하지만 Practice의 본래 뜻을 알면 자연스럽게 두 개념을 동시에 받아들일 수 있게 된다. 즉 '(같은 일을) 반복하다'의 의미로 받아들이면 된다(여기서의 '실행'도 한 번 하는 것이 아닌 반복해서 하는 '실행'이다).

예를 하나 더 들어보자.

secretary (세크러테리)

'비서'라는 의미로 알고 있을 것이다.

반기문 전 사무총장의 자리는 영어로 UN secretary (general)
이다. 이것은 UN의 '비서'라는 뜻일까? 장관도 영어로는 secretary
이고 간사, 사무관, 서기관 등도 모두 secretary이다. 우리가 아는 '비
서'와는 매우 다른 의미이다. 어원을 보면, secret (비밀) + ary (다
루는 사람)이다. 즉 중요한 업무를 책임지고 하는 사람을 모두 지칭할
수 있는 것이다. 어떤 단체에서 이러한 일을 하면 '사무총장'이나, '장
관', 혹은 '간사'가 되는 것이고, 개인에 대해 중요한 일을 하면 '비서'
가 되는 것이다.

secretary라는 영어 단어를 보고 '비서', '사무총장', '장관', '간
사', 서기관' 등의 우리말 단어 중에서 상황에 따라 유추해서 가장 높
은 확률의 단어를 고를 수는 있다. 그러나 이것은 문장을 보고 천천히
번역할 때나 가능한 일이다. 그나마 정확도는 떨어질 수밖에 없다.

단어뿐만 아니라 영어 문장도 우리말로 해석이 어렵다는 것을 예
시로 들어보겠다.

- My uncle has had me hired.

무슨 의미일까? 간단히 해석하면 "우리 삼촌이 나 취직시켜줬다"
라는 의미이다.

하지만 자세히 살펴보면 그리 단순하지 않다. 이 문장을 정확하게 영어식으로 모두 풀어서 설명하면 아래와 같다.

"우리 삼촌이 나를 취직시켜줬어. 그런데 삼촌이 직접 고용한 것은 아니야. 그리고 나는 그 일을 여전히 하는 중이야"라고 표현해야 위의 영어 문장과 가장 비슷한 뜻이 된다.

여기서의 또 다른 시사점은 영어는 우리말보다 표현이 훨씬 정교하다는 것이다. 이런 정확성으로 인해 서양인들의 사고방식은 우리보다 구체적이라고 할 수 있다. 이런 서양인들의 구체적인 사고방식 때문에 우리 입장에서는 그들이 너무 원리원칙을 고수하는 등 답답한 경향을 갖는다고 여길 때가 많다.

그러나 사실 영어식 사고를 제대로 받아들이려면 이런 차이마저도 왜 발생하는지 먼저 이해해야 한다.

답답한
영어권 사고방식?

우리와 다른 언어 체계를 가진 영어권 사람들은 사고방식이 어떻게 다를까? 영어 공부와 직접적인 관계가 없는 것처럼 보일 수 있지만, 영어를 제대로 이해하려면 이런 부분도 생각해봐야 한다.

가벼운 예를 하나 들어보겠다. 필자가 해외에서 대학교수로 일을 할 무렵 국제교류처장(Director for international linkages)이라는 보직을 맡게 된 적이 있었다. 학교 내에서는 무척 중요한 직책이었고, 이에 조교를 한 명 채용하기로 했다. 조교가 사용할 새로운 컴퓨터가 필요하여 학교 IT 팀에 요청을 하였는데, 담당자가 독일인이었다(물론 영어에 능한 독일인이어서 영어로 의사소통을 해왔다).

직접 그 IT 책임자에게 물어보았다.

나 : 조교를 한 명 고용하기로 했어요. 새로운 컴퓨터가 한 대가 필요한데 어떻게 신청할까요?

독일인 IT 담당자 : 난 불필요한 절차를 싫어해요. 간단히 이메일 하나만 보내면 됩니다.

나 : 오케이 (의외로 간단한걸?)

책상으로 돌아온 후 간단히 글을 써서 이메일로 보냈다. 하지만 결과는 단순하지 않았다.

며칠 후 IT 팀 직원이 내 방으로 찾아와 건네 준 것은 아래의 사진과 같았다. 말 그대로 컴퓨터 본체만 한 대 들고 나의 사무실로 찾아온 것이다.

모니터는? 키보드와 마우스는? 없었다.

매우 당황스러웠다. 독일인 IT책임자에게 전화를 걸었다.

컴퓨터 본체

우리 대학에서 쓰는 컴퓨터 모델

나 : 컴퓨터가 필요하다고 말한 것은 본체만 필요하다는 뜻이 아니었어요.

독일인 IT 책임자 : 교수님이 '컴퓨터'(a computer)라고 했잖아요.

나 : 그래도 내가 새롭게 조교를 채용한다고 했는데, 혹시 다른 것들이 필요하지 않냐고 물어보기라도 하지 그랬어요?

독일인 IT 책임자 : 나는 '컴퓨터'라고만 쓰여 있어서 다른 건 필요 없는 줄 알았어요.

누구의 잘못일까? 물론 나는 'a computer'라고 썼다. 정확하게는 'a computer set'이라고 써야 했다. 물론 내 실수라고 할 수 있지만, 우리나라의 업무 환경이라면 이렇게 컴퓨터 본체만 달랑 보내진 않았을 것이다. '컴퓨터'라고 말해도 그와 관련된 주변기기들을 함께 가져다 줬을 것이고, 아니라면 최소한 물어는 봤을 것이다.

해외에서 직장생활을 하다 보면, 이러한 에피소드는 수없이 많이 발생한다. 말을 곧이곧대로 받아들이는 서양인들의 사고 때문이다. 그러나 이것은 어디까지나 우리의 입장이고, 서양인들의 입장에서는 우리의 말과 생각이 너무 두루뭉실하다고 볼멘소리를 하기도 한다. 말하자면 동양인들은 좀 더 유연하고 전체를 아우르는 사고를 하는 반면, 서양인들은 부분적이고 정확한 사고를 하는 경향이 있다.

이러한 사고 차이는 전반적인 모든 문화에 결과로서 나타난다. 예를 들어 동양화는 선과 여백을 중시하며 다양한 초점을 반영하지만, 서양화는 그렇지 않다. 서양의학의 경우 신체부분에 대한 정확성을 전제로 치료를 시작하는 반면에 동양의학은 전체의 조화를 아우르는 치료법을 택한다.

이러한 사고방식의 차이에 대한 이유는 아직도 의견이 분분한 상태이다. 그러나 필자는 주된 원인이 언어일 것이라는 가설을 내보고 싶다('사피어-워프 가설'과 관련이 있을 수 있다). 독일어는 영어보다 더욱 딱딱하고 체계적인 언어이다. 그나마 서양권의 언어 중에서 영어는 조금 유연한 편이라고 할 수 있다. 이러한 언어적 차이는 곧 사고의 차이를 가져온다.

독일이 정확성을 요하는 과학기술이 발달했던 요인 중 언어가 차지하는 비중이 매우 크다고 생각한다. 그들의 '정확성'은 우리 관점에서는 혀를 내두를 정도이다. 오죽하면 독일의 인사말이 'Alles (in) Ordnung?' 일까? 이 말인즉슨, '(모든 일이) 다 순서대로 되어가?' 이다.

우리 주변을 통해서도 이러한 서양인들의 사고를 종종 경험할 수 있다. 어릴 적 서양권에 거주하다 한국으로 이주한 교포들이 겪는 고충 중에서 대표적인 것은 아래와 같은 요청이다.

"올 때 맛있는 것 좀 사와"

"What??? Which one???"

위와 같이 말을 하면, 서양식 사고를 가진 교포들은 당황해한다.
'도대체 맛있는 게 뭐지? 누구한테 맛있는 거?' 이는 직장생활에서도
마찬가지이다. 필자가 한국 기업에서 일할 당시 교포 출신의 직원들은
우리의 부정확함에 무척 힘들어했다.

팀장 : 브라이언, 먼저 올라가서 회의 준비 좀 하세요.

브라이언 : 네? (올라가? 어디로? 회의 준비는 뭐지? 몇 명이 참석
하지? 펜은 몇 개를 준비해야 하지? 왜 정확히 말을 안 하는 거야? 또
물어보면 짜증 낼 거고...)

실제로 서양권 사람들은 이렇게 정확한 의사전달을 하는 것에 습
관화되어 있다. 어찌 보면 서양사람들이 규범을 잘 지키는 이유 중 하
나도 이들은 언어가 의미하는 데로 혹은 법문을 곧이곧대로 지키려는
성향이 있기 때문이지 않을까 싶다.

그런데 사고방식의 차이까지도 이해해야 하나? 영어를 위해서?
나는 이러한 기본적인 영어권 사고방식부터 이해해야 원활한 영어를
할 수 있다고 본다. 이런 사고 훈련이 영어 학습에 큰 도움을 주기 때
문이다. 실제로 꼬치꼬치 따지듯이 영어를 들여다봐야 영어를 제대로
이해할 수 있다.

원어민들은
우리의 영어선생님이 될 수 없다

모국어는 어릴 적부터 사용한 언어이다. 그래서 논리적인 이해를 거치지 않고도 우리의 생각의 틀로 자리를 잡는다. 이 과정은 대부분 어린 시절에 이루어진다. 다시 말해 모국어는 감각적으로 이해하고 있는 것이라 외국인에게 모국어를 논리적으로 설명하기 어려울 때가 많다. 영어권 원어민들이 우리와 같은 비영어권 성인들에게 영어를 가르칠 때는 영어에 대한 감각뿐만 아니라, 그 이상의 논리적 이해가 전제되어야 자신의 모국어를 가르칠 수 있다. 특히 앞서 봤듯이 우리말과 영어의 (공통부분이 없다는) 차이를 고려한다면 더더욱 그렇다.

영어권 원어민들은 영어를 유창하게 하지만, 정작 자신들의 언어가 왜 그렇게 쓰이는지는 설명하기 어려워한다. 그러나 우리는 그 '왜'라는 이유를 알아야 영어를 제대로 이해할 수 있다. 따라서 어린이들은 논리적인 이해가 수반되지 않아도 외국어를 배울 수 있는 시기이기 때문에 어린이들의 영어 선생님으로서 원어민들은 훌륭한 역할을 할 수 있지만 성인들은 가르칠 수가 없다. "원어민들은 한국어와 영어의 차이를 이해하지 못한다"는 것이 원어민들이 우리에게 영어를 가르치기 어려운 가장 큰 이유인 것이다.

그 예를 영어문장을 토대로 직접 체험해 보자.

"나 결혼했어"(나 결혼한 사람이야)를 영어로 말한다면? 대부분 알 것이다.

I am married이다.

하지만 '영어 단어 ≠ 한국어 단어'이듯이 '영어 문장 ≠ 한국어 문장'의 관계이다.

'나 결혼했어 ≠ I am married'의 등식도 성립되지 않는다.

사실 영어식 표현에서는 '나 결혼했어'라는 표현이 아예 존재하지 않는다. 영어식 사고로는 '결혼'은 '하는 것'이 아니라 '되는 것' 혹은 '당하는 것'이다. 물론 be + p.p. 형식의 대한 충분한 이해가 필요하지만, 여기서는 아래의 설명으로 차이점을 설명하는데 큰 무리는 없을 것이다.

I am married에 더욱 가까운 의미는 '난 결혼 되어 있어' 혹은 '난 결혼 당한 상태야'이다.

그래서 married의 원래 동사인 marry의 의미는 '결혼하다'가 아니라 '결혼 시키다'의 의미가 된다.

그렇다면 청혼할 때 하는 영어 표현은?

Will you marry me? 이다.

'나와 결혼해 줄래?'로 번역을 해야 우리말로 자연스럽지만, 영어식 사고에서는 '네가 날 결혼시킬래?'와 같은 의미이다. 그래서 부모에게 '저 결혼시킬 거예요?'라는 표현도 똑같이 Will you marry me? 라고 쓸 수 있다.

I will marry you라는 표현을 남자가 여자에게 한다면 '나는 너를 결혼시킬 거야(나에게)'의 의미이지만 아버지가 딸에게

I will marry you (off to him)라고 해도 '나는 너를 결혼시킬 거야 (그 사람한테)'라는 의미로 똑같이 쓸 수 있는 것이다.

우리 입장에서는 결혼은 당연히 '하는' 것이지만, 영어권 원어민들은 당연히 '당하는' 것으로 받아들인다. 이 두 문화의 언어 차이를 이해하는 원어민 교사는 거의 없다.

<이미지 내 텍스트>
우리말   영어

결혼은 '하'는 것   결혼은 '되'는 것

이런 차이점에 대한 이해를 하지 못하면 문제점은 점점 커지게 된다. 예시를 조금 더 확장해 보자.

'난 우리 아내랑 결혼했어'라는 표현을 영어로 생각해보자.

I am married with my wife.

물론 이것은 틀린 표현이다. 이렇게 말을 하면 외국 사람들은 아래와 같이 이해한다.

아니? 아내와 함께 누구에게 결혼된 거야? 너희 나라도 '일부다처제야?'라고 이해할 수도 있다.

'to whom?'

그렇다. 결혼은 누군가<u>에게</u> 된 것이어야 하기 때문에 with이 아닌 to를 써야 한다.

I am married to Jean.

'나는 진(Jean)에게 결혼 되었어'라고 말이다.

with을 사용한다면 아래와 같은 표현으로 해야 한다.

I am married with my children.

이 경우에는 '난 애들을 가진 결혼된 사람이야', 즉 '난 애가 있는 유부남(녀)이야'라는 의미가 된다. 이런 식으로 영어를 받아들이면

더욱 명쾌하게 이해된다. 과연 어떤 원어민이 위와 같은 개념 차이를 우리에게 설명해 줄 수 있을까? 언어학자가 아닌 이상 힘들 것이다. 게다가 영어를 모르기 때문에 배우는데 그 설명을 영어로 듣는다는 것이 쉬운 일일까?

심지어 이런 차이는 교포들도 우리에게 설명해 주기 힘들다. 또한 교포라고 해서 혹은 원어민이라고 해서 영어를 모두 잘하는 것이 아닐 수 있다.

원어민이라고 영어를
다 잘하는 것이 아니다

'언어'를 단순히 '대화 혹은 소통의 수단'으로만 여기는 경우가 있다. 이런 생각을 가지게 되면 발음이 좋고 말을 빨리 하는 사람이 그 언어에 능숙하다고 판단하게 된다. 그러나 사실 '말의 속도'와 '유창함'은 엄연히 다르다. 특히 영어에서 유창하다는 것은 말의 '빠르기'보다 '정확함'이 오히려 더 중요한 요소가 된다.

대부분 사람들은 모국어에 능숙하다. 하지만,

"① 말을 잘한다고 모두 ② 말을 잘하는 것은 아니다"

앞의 ① 말은 '소리의 발성'을 의미하지만, 뒤의 ② 말은 '사고의 표현'을 의미한다. 즉 뒤의 '말'은 '사고의 수준'까지 반영되는 것이다. 따라서 언어의 활용성은 아래와 같이 확장해야 한다.

생각의 깊이는  곧 언어의 깊이와 직결되며,
언어는 말보다는 글의 형태가 🔳 더 고도화되어 있는 경우가
많다. 이것이 바로 언어능력의 가늠자이다.

언어는 능력이기 때문에 언어능력이라는 개념으로 접근해야 한
다. 이를 영어로는 literacy라고 표현한다. 그리고 이를 가장 잘 설명
할 수 있는 척도가 OECD가 회원국을 대상으로 하는 성인들의 개별
역량평가(PIAAC)이다. 세 가지 항목으로 측정하는 데 이 중 하나인
언어능력(literacy)을 살펴보자(사실 글을 읽고 이해하는 능력이다).

여기서 측정된 언어는 '영어'만이 아니다. 모든 모국어이다. 미국,
캐나다, 호주 등은 '영어'로 측정하지만, 우리에게는 '한국어', 일본 사
람들에게는 '일본어'로 측정한 결과이다.

OECD의 PIAAC
(개별 성인역량 평가)
언어능력 6단계

level 5	논점을 정확히 파악
level 4	문맥의 종합적 이해
level 3	복잡한 문장 이해
level 2	문장간 연결이 가능
level 1	간단한 것 모두 이해
level 1 미만	기본적 소통 가능

토론이 가능한 수준의 영어

〈 경쟁력 있는 영어의 영역을 발견하기 위한 새로운 척도 〉

간단한 글의 내용들을 모두 이해하면 이는 1단계(level1)의 수준이라고 할 수 있다. 여기서 좀 더 많은 그리고 높은 수준의 정보를 처리할 수 있어야 다음 단계로 이어진다. 앞의 문장과 뒤의 문장의 연결을 매끄럽게 할 줄 안다면 2단계(level2)의 언어능력을 구사한다고 볼 수 있으며, 복잡한 문장이나 반어법의 문장 등을 처리할 수 있어야 3단계(level3)의 수준이라고 볼 수 있다. 소위 '말을 돌려서' 해도 문맥상의 숨어 있는 뜻을 알아챌 수 있어야 3단계라는 의미이다.

그러한 문장들이 모인 글의 문맥을 종합적으로 이해해야 4단계에 이르며, 이를 토대로 자신의 논리를 풀어낼 수 있다면 마지막 5단계에 도달하게 된다. 단순히 Text의 의미를 이해하는 것이 아니라 문장들의 상호 관계를 토대로 만들어지는 Context를 이해하기 시작해야 2단계 이상의 언어능력을 가지게 된다. 단순한 대화가 아닌, 토론이 가능한 수준은 3단계부터이다. 모국어로 자신의 '언어능력'을 발휘하기 위해서는 3단계 정도가 되어야 수준 있는 소통을 할 수 있다.

그렇다면 우리나라 사람들 중 한국어 언어능력이 위의 3단계를 넘는 사람들이 얼마나 될까?

(이 측정은 모두 성인들만을 대상으로 한다) 겨우 절반 정도이다. 우리나라의 성인의 절반 정도가 우리말로 된 문맥을 제대로 파악하지 못하고 있으며, 토론이 어려운 한국어 언어능력을 가지고 있다고 보는 것이다. 즉, 한국인이라고 모두 한국어를 잘 하는 것이 아니라는

의미이다.

우리만 이렇게 모국어의 능력이 떨어지는 것일까? 아니다. 대부분의 국가들이 마찬가지이다. 국가별로 차이가 있지만 성인들 중 이러한 수준의 모국어를 구사하는 사람들은 대부분 절반 정도 밖에 되지 않는다(즉, 우리는 평균수준이다).

당연히 영어권 국가들도 마찬가지이다. 혹시 알고 있는가? 이 기준으로 본다면 영어를 모국어로 사용하는 나라 중에 영어를 가장 못하는 나라는 어디일까? 사실 우리가 오늘날 영어권의 중심으로 생각하는 미국이다. 미국 사람들이 영어를 가장 못하고 있는 것이다.

이처럼 말만 통한다고 영어를 잘하는 것은 아니다. 따라서 원어민이라고 해서 무조건 영어를 잘 할 것이라는 생각은 버려야 한다. 뒤에서 더 자세히 언급하겠지만, 우리가 만약 영어를 체계적으로 배운다면 실제로 우리가 원어민들보다 더 정확하고 높은 수준의 영어를 구사할 수도 있다. 그리고 그 과정은 생각보다 어렵지 않다. 영어는 우리말보다 더 체계적인 문장 형태를 가지고 있기 때문이다. 그 체계만 이해하면 된다.

우리말의 체계성은 영어보다 매우 느슨하다. 우리말이 이러한 언어임에도 불구하고 외국인이 그 체계를 이해하게 되면 우리보다 우리말을 더 잘(정확하게) 하게 되는 경우를 종종 본다. 우리말을 우리보다 더 논리적으로 학습한 외국인들이다. 예를 들어 러시아에서 대학을 마치고 우리나라 대학원 과정부터 유학을 오게 된 박노자 교수가 있다. 그가 우리말로 쓴 글을 보면 우리는 번역이 아니라는 사실에 놀랄 수밖에 없다. 우리보다 더 우리말을 더 잘하기 때문이다. 최근에는 방송인 타일러 라쉬도 높은 수준의 우리말을 구사하고 오히려 평균적인 우리나라 사람보다 글을 더 잘 쓴다는 평가를 받고 있다. 역으로 우리도 영어를 그렇게 할 수 있다는 의미이다. 아니 이러한 외국인들이 한국어를 정복한 과정보다 오히려 더 쉽다. 영어는 체계성이 높기 때문이다(말의 수준이 높다는 것이 아니다).

개인이 사용하는 언어의 수준이 높으면 많은 이점이 생기게 된다. 앞서 언어능력과 지적 능력(인지력)은 대체적으로 비례한다고 했듯이 언어 수준은 우리의 삶에 정말 많은 영향을 주기 때문이다. 실제로 언어능력이 개인의 경제력, 취업률, 대인관계 심지어 건강에까지도 영향을 미친다는 연구 결과가 많다.

미국 등의 영어권 본토에 사는 원어민들 중 낮은 언어능력(예를 들어 Level2 정도의 수준), 즉 영어실력이 부족하여 자국에서 마땅한 일자리를 구하기 힘들어하는 원어민들도 많을 것이다. 아이러니하게도, 이들 중 많은 수가 오히려 영어를 가르치러 우리나라에 들어온다. 더 좋은 대우를 받을 수 있기 때문이다.

영어능력이 더욱 높다면 굳이 연고가 없는 해외에서의 영어교사보다 더 좋은 직장들이 많을 것이다. 물론 언어능력이 뛰어나고 더 넓은 세상을 경험하기 위한 목적으로 우리나라에 오는 출중한 원어민 교사들도 있다. 하지만 서양인 영어교사라면 무조건 숭상하는 우리의 잘못된 관습 때문에 그렇지 못한 경우가 많은 것도 사실이다. 심지어 교민 자녀들이나 영어권에 유학을 간 우리 교포들 중에도 결국 영어능력이 부족하여 우리나라로 되돌아온 사람들마저도 유창한 영어를 구사하는 것처럼 보인다는 이유로 우리에게 영어를 가르치고 있다.

이런 상황을 우리가 정확히 알고 우리가 받을 영어 교육에 적용해야 한다. 그래야 우리의 영어교육에 대한 방법을 제대로 바꿀 수 있다. 이를 살펴보려면 우리 교민들의 영어능력에 대한 실상을 제대로 알아볼 필요가 있다.

해외 교민 중
영어 능숙자는 2%

영어권으로 이민을 떠난 교민들이 우리나라를 방문했을 때 이들이 은근히 부담스러워하는 질문이 있다.

"이제 영어 좀 (잘) 하시겠네요?"

사실 우리가 생각한 것보다 우리 교민들의 영어실력은 좋지 않다. 10년, 20년을 넘게 살아도 마찬가지인 경우가 매우 많다. 특히 앞에서 언급한 OECD의 언어능력을 평가한 기준으로 보면 더욱 처참해진다.

level 5	논점을 정확히 파악		
level 4	문맥의 종합적 이해		
level 3	복잡한 문장 이해		
	경쟁력 있는 영어		
level 2	문장간 연결이 가능		
level 1	간단한 것 모두 이해		
level 1 미만	기본적 소통 가능		

미국인들의 영어실력

미국 태생	미국내 이민자 (해외태생)	미국내 한인 (한국태생)	성인 이후 이민 교민
51%	28%	20%	2%~5% (추정)

어린 시절에 미국에 이민을 간 사람들을 제외하면..

〈 자료 : 미국 PIAAC보고서(2015) 및 인구센서스 조사 결과를 통해 도출 〉

미국에서 태어난 미국인들조차도 절반(51%) 정도의 사람들만 level 3 이상의 영어를 구사하며, 한국에서 태어나 미국으로 건너 간 교포들 중 20%만이 이 수준의 영어를 구사하는 것으로 나타났다. 그런데 이 20%의 교포마저도 대부분은 어린 시절에 미국에 건너온 사람들이다. 이를 반영하면 성인이 된 이후에 미국에 이민을 간 교포들 중 level 3 이상의 영어를 구사하는 비중은 2%로 줄어든다. 다시 말해 성인 이후에 영어권 국가로 이민을 간 사람들 중 100명 중 2명 정도만이 경쟁력 있는 영어를 구사한다는 것이다.

이제 (성인 이후에 이민을 간) 교민들이 국제사회에서 경쟁력이 떨어지는 이유가 쉽게 납득이 될 것이다. 바로 영어 때문이다. 실제로 '인종차별'이라고 여기는 것들 중 상당수는 '언어차별'이라고 봐야 할 때가 많다.

그렇다면 인종차별은 무엇일까? 그렇다. 기본적인 사회적 소양이 부족한 개인이나 집단이 하는 것이다. 아직 사회적으로 성숙하지 않은 어린이 집단이나, 교양이 부족한 집단 등에서 주로 벌어질 것이다. 하지만 그런 사람들의 차별 대우는 우리가 역으로 차별할 수도 있다. 상대할 가치가 없는 것이다. 이렇게 생각하면 의외로 인종차별을 의연하게 대처할 수 있게 된다.

여기서 말하고자 하는 것은 일반적인 사회에서 인종차별은 인간이 당할 수 있는 수많은 차별 중 하나일 것이고, 정상적인 집단에서는 이를 지양한다는 뜻이다. 일반적인 (혹은 정상적인) 서양 사람들은 "Are you a racist?" 너, 인종차별주의자니?라는 말을 듣거나 'That's racism.'이라는 말을 듣게 되면, 상당히 불쾌해 한다. 인종차별주의자는 기본적인 교양이 없는 사람으로 인식되기 때문이다. 즉 해외 생활에서의 인종차별을 너무 확대해서 크게 생각할 필요는 없다는 것이 내 생각이다.

그러나 언어에 있어서는 상당히 냉정하다. 언어는 '차별'의 요소이기보다는 '능력'의 요소라고 여기기 때문이다. 정확히 표현하자면 '언어차별'이 아닌 '언어차등'이다. 때로는 우리가 이 언어에 대한 차등을 인종차별이라고 여길 때가 있다. 이런 차별에 대한 문화적 성숙을 이야기한다면 아직까지는 우리나라도 제대로 성숙하지는 않다고 보는 견해가 많다. 우리가 더 많은 인종차별을 하고 있을지 모른다는 뜻이다.

아무튼 이 언어능력은 우리 개개인의 해외 생활이나 글로벌 진출에 지대한 영향을 미치고 있다. 그리고 우리 대부분은 그만큼의 실력을 갖추고 있지 않다. 여전히 해외에 나가 있는 많은 교민들조차도 글로벌 세계에 몸담고 있지만 활발한 활동에 제약이 될 때가 많다.

그렇다면 경쟁력 있는 영어란 무엇이고 어떻게 하면 그 경쟁력을 갖출 것인가?

스탠다드 영어는
존재하지 않는다

경쟁력 있는 영어는 무엇일까? 아마도 세계 무대에서 가장 폭넓게 사용되는 영어일 것이다. 그것이 미국 영어일까? 아니다. 바로 글로벌 영어(Global Enlgishes)일 것이다. 여기서는 이 글로벌 영어에 대해 이야기해보고자 한다.

표 준 어				
강 원	충 청	서 울	경 상	전 라

우리말은 위의 그림과 같이 갈래가 구성되어 있다. 지역별로 억양이나 강세 심지어 사용하는 단어도 다르다. 하지만 우리는 여러 종류의 우리말 중에서 서울 지역의 말을 표준어로 정하고 사용하고 있다.

지역별로 조금씩 다른 언어이지만, 서로 의사소통 하는데 큰 무리는 없다. 그래도 표준어인 서울말을 세련된 것으로 생각하다 보니 표준어가 아닌 경우 약간 우스꽝스럽게 묘사하기도 한다. 그래서인지 몰라도 우리의 의식 속에는 언어의 기준이 되는 표준어라는 것이 항상 존재한다고 생각한다. 아마 영어 역시 그렇게 생각하는 듯싶다.

물론 영어도 나라별로 지역별로 매우 많은 억양과 단어의 차이가 존재한다. 그런데 우리는 여러 종류의 영어들 중 미국 영어를 표준영어로 생각하는 경향이 있다.

하지만 현실은 그렇지 않다.

미국영어가 표준영어라는 것, 즉 미국영어가 세계의 중심이라는 생각은 우리가 만들어 낸 허상일 뿐이다. 그리고 이 생각이 우리를 잘못된 길로 인도하기도 한다. 세계 공용어에는 표준어가 존재할 수가 없다. 그것은 우리나라 사람들의 세계관은 미국이 중심에 있고, 현재 지구상의 미디어를 지배하는 큰 힘도 미국에 있기 때문이지, 절대로 미국영어가 세계의 중심 영어는 아니다. 미국 영어는 여러 영어 중에서 하나의 지역 언어일 뿐이다.

필자가 태국에 위치한 대학에서 일할 때였다. 제법 큰 대학이었으며 완전한 국제적 환경을 갖추고 있었다. 전교생 중 40%의 학생만이 태국 현지 학생들이었고, 나머지 60%는 외국인 학생으로 구성되어 있었다. 인근 동남아뿐만 아니라 한국, 중국, 일본 등 아시아 전 지역과 나아가 미주, 유럽 및 아프리카 등 온갖 대륙의 학생들이 모여 모두 '영어'로 소통하던 대학이었다. 따라서 이곳에는 온갖 영어 억양과 스타일들이 공존하는 영어 공동체였다.

그렇다면 이곳에서 미국식 영어가 표준어였을까? 당연히 아니다. 오히려 미국식 악센트로 구사하는 학생들의 영어를 다른 학생들이 싫어할 때가 많았다. 그 이유는 연음이 심한 미국식 영어로 인해 발음을 너무 대충 한다는 것이었다.

"친구, 여기는 미국이 아니야. 인터내셔널 환경이거든.. 공식적으로 발표할 때는 발음을 좀 더 명확히 해주었으면 좋겠어" 굳이 '이너넷(internet)'이라고 하지 말고 '인터넷'이라고 발음해 주면 이해하기 편하잖아?"

일상에서는 문제가 없지만 수업에서 발표를 하는 시간에는 이러한 지적을 받는 경우가 많았다. 실제로 미국식 발음을 하는 학생들 중 아직 나이가 어린 저학년의 학생들은 자신에게 익숙한 미국식의 설렁설렁한 억양대로 발표를 하지만, 고학년이 될수록 또박또박한 발음을 해서 남을 배려하려는 모습을 보였다.

여기서 말하는 글로벌 영어는 전 세계의 다양한 사람들이 이질감 없이 알아들을 수 있도록 또박또박 발음하는 영어라는 뜻이다. 즉 "세계 공용어로서 많은 사람들이 쉽게 이해할 수 있도록 다른 이들을 배려하는 영어" 이것이 글로벌 영어라고 말하고 싶다. 그런 점에서 미국식 영어는 글로벌 영어와 조금 거리감이 있다. 특히 발음을 매우 흘리기 때문이다. 오히려 딱딱한 영국식으로 발음하는 것이 다른 이들을 배려하는 영어일 수 있다.

혹시 이런 현상이 이 학교만의 특징은 아닐까? 그렇지 않다. 사실상 미국을 제외한 여러 나라를 다녀보면 오히려 미국식 영어가 일반화되어 있지 않다는 것을 알 수 있다. 오히려 또박또박한 발음이 더 선호된다. 게다가 미국인들이 생각보다 전 세계에 널리 퍼져 있지도 않다. 실제로 미국인들은 해외에 잘 나가지 않으며 미국 내에서만 주로 머문다는 통계가 있다. 2017년 기준 미국인의 여권 소지 비중은 40%대이다. 유럽 등 다른 나라는 60~70%대이며, 우리도 미국보다 높다. 게다가 여권을 소지한 미국인들 중 대부분은 차를 타고 갈 수 있는 멕시코나 캐나다를 방문하는 것이기 때문에 진정한 의미의 글로벌화와 거리가 다소 있다.

그러다 보니 인구가 훨씬 적은 유럽의 작은 나라의 사람들이나 캐나다인 혹은 호주인들을 해외에서 더 자주 만나게 되는 경우가 많아 지구촌에서 미국식 영어가 그리 널리 퍼져있지 않다는 것을 체험하게 된다. 게다가 앞서 이야기했듯이 평균적인 미국인들의 영어 능력 수준은 그리 높지 않다고 할 수 있다. 미국식 영어를 맹목적으로 배우다 보면 한국 사회 안에서의 '영어'를 잘한다는 개념과 실제 글로벌 환경에서 경쟁력 있다고 여겨지는 '영어'와에 차이가 발생하게 된다.

영어를 못해 피자가게에서
일을 못하는 대학교수

　영어권 국가에서 피자가게 종업원들이 쓰는 영어와 대학교수들이 쓰는 영어 중 어떤 영어가 수준이 높을까? (여기에 나오는 예시들은 직업에 귀천이 있다는 뜻으로 말하는 것이 아니라 직업의 특성에 따라 사용하는 언어의 종류를 말하고자 한다)

　당연히 업무적으로 말하면 대학교수가 쓰는 영어가 더욱 높은 수준일 것이다. 그런데 다음 질문에 대한 대답은 생각만큼 당연하지 않다. 한국인이 성인이 되어 영어공부를 시작한다면 영어로 박사학위 과정 논문을 쓰는 것이 더 어려울까? 영어를 사용하며 피자가게에서 일을 하는 것이 더 어려울까?

　경우에 따라 피자가게에서 쓰는 영어가 훨씬 더 어려울 수 있다. 즉 영어권 국가에서 영어로 문제없이 대학교수로 일하는 사람일지라도 피자가게에서는 영어실력이 부족해 일하지 못할 수 있다는 것이다. 영어권에서 대학교수로 일을 하려면 영어로 논문을 쓰거나 강연을 하고 혹은 행정적인 업무처리를 하는 데 있어서 영어 능력에 문제가 없어야 한다. 그런데 여기에 필요한 영어는 무척 정형화되어 있다.

반면 피자가게에서 일하기 위해서는 까다로운 고객의 주문사항을 모두 알아들어야 한다. 직접 듣는 것뿐만 아니라 때로는 전화와 블루투스 등을 통해 듣기도 해야 하며, 배달을 다니면서도 능숙하게 고객의 빠른 말소리를 다 알아듣고 동시에 고객의 위치를 찾아내야 한다. 물론 여기도 주로 사용하는 표현이 있겠지만, 결코 쉽지 않다.

즉, 피자가게 업무는 빠른 말을 못 알아듣거나 제대로 처리하지 못하면 극심한 스트레스를 받을 수밖에 없다. 어쩌면 곧 해고를 당할 수도 있다. 하지만 대학교수는 말이 좀 어눌해도 대학교수 업무 수행이 가능하다. 다소 불편할 따름이다. 실제로 영어권 국가에서 비영어권 출신 교수가 임용되면 학과장이 학생들에게 아래와 같이 양해를 구하기도 한다.

"학생들, 이번에 우리가 훌륭한 교수님 한 분을 초빙했습니다. 이분의 연구분야는 우리 대학의 발전에 많은 도움이 될 것이고, 좋은 강의를 여러분들에게 제공할 것입니다. 그런데 이 분은 비영어권 국가 출신이라서 강의 시간이나 면담 시간에 불편이 따를 수 있습니다. 그래도 한 학기 정도 지나면 의사소통에는 문제가 없을 듯하니, 몇 개월만 양해를 부탁합니다."

물론 사람마다 언어에 필요한 재능이 달라서 모두에게 일괄적으로 적용할 순 없을 것이다. 여기서 말하고자 하는 것은 각 직무 분야별로 사용하는 영어의 특징과 기능이 다르다는 것이다.

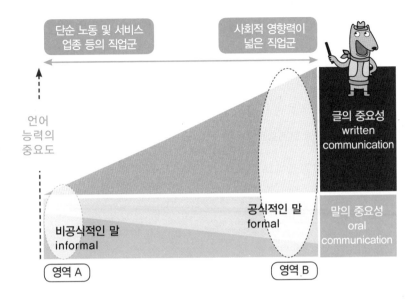

영역 A와 같은 단순노동(피자배달 등)과 영역 B와 같은 전문직(대학교수 등)의 업무에서 언어능력의 중요도는 당연히 전문직이 훨씬 높을 것이다. 하지만 그 내용을 들여다보면 다른 특성을 가지고 있다. 단순노동에서는 글의 중요도가 그리 크지 않을 것이고, 전문직에서는 업무를 수행하는 데 있어서 말보다는 글의 기능이 훨씬 더 중요해진다.

말의 중요성이 똑같다 할지라도, 전문직에서는 공식적인 표현이 더 많이 쓰일 것이다. 전문직에서는 오히려 업무시간보다 직원들끼리 농담을 주고받는 시간이 더 힘들 수도 있다. 하지만 그것이 업무에서는 크게 중요하진 않을 것이다. 오히려 직원들 간의 유대관계가 중요한 단순노동 직에서는 다른 직원들과 함께 어울릴 수 있는 정형화되어 있지 않은 영어 구사가 더욱 중요할 수도 있다.

여기서 말하고자 하는 핵심은 영어를 잘한다는 기준이 어떤 영어가 필요하냐에 따라 다르다는 점이다. 이것은 우리가 영어를 준비할 때 반드시 인지하고 접근해야 하는 지점이다. 이를 앞서 언급한 글로벌 영어와 접목해 보면 다음과 같이 정리해 볼 수 있다. 아래의 그림에서 위쪽으로 이동할수록 글로벌 영어에 가깝고 아래쪽으로 이동할수록 지역 영어에 가깝다고 이해하면 된다.

앞에서 글로벌 영어는 다른 문화권 사람들을 배려하는 영어라고 정의했다. 이는 위의 그림과 같이 폭넓은 부분을 차지한다. 이러한 기준의 글로벌 영어에서는 말보다는 글이 더 중요하며, 말이 빠르지 않고 또박또박하게 발음하는 경향이 있다. 물론 관용적인 표현보다는 격식 있는 표현이 훨씬 많고, 언어의 스타일도 급속도로 변하지도 않을 것이다.

직접 예를 들어 이해를 쉽게 해보자.

미국에서 일을 마칠 때 종종 이렇게 얘기하곤 한다.

▪ Let's call it a day.

직역하면 '지금(까지)을 하루라고 부르자'의 의미로 '오늘은 일을 여기까지만 하자'라는 뜻이다. 우리 같은 외국인에게는 이해가 약간 어려울 수 있다. 만약 'call'이라는 동사가 어떻게 쓰는지 제대로 알고, it의 활용을 이해한다면 그리 어려운 표현은 아니지만, 일종의 관용적인 표현이기 때문에 바로 알아차리기는 쉽지 않다. 영어를 제대로 하려면 이런 표현까지도 다 알아야 할까?

그렇지 않다고 말하고 싶다. 이는 미국인들이 주로 쓰는 표현이고 그 외에 지역은 아니다(앞으로 미국에서도 얼마나 쓰일지도 모른다). 앞서 말했듯 미국 영어가 중심이 아니기 때문이다. 이 표현을 알아야 한다면 이런 말을 쓰는 사람들과 함께 지내는 경우일 것이다. 만약 그러한 환경에 들어가면 자연스럽게 익숙해지기 때문에 모른다고 해서 미리 걱정할 필요도 없다. '미국인들이 자주 쓰는 관용구'와 같은 영어는 굳이 우선순위에 넣을 필요가 없다는 뜻이다.

예를 들어 우리말에 '두 마리의 토끼를 잡는다'라는 표현이 있다. 한국어를 공부하는 외국인들은 왜 뜬금없이 '토끼'를 이야기하는지 의아하게 생각할 수 있다. 우리도 굳이 외국인에게 이렇게 어려운 표현을 쓰지 않을 것이고, 외국인들이 모른다고 해서 배우라고 억지로 강요하지도 않을 것이다.

'call it a day'는 그나마 미국에서는 널리 쓰이지만, 그것보다도 더 지협적인 말도 있다. 'I had a funny uncle'과 같은 것이다. 직역하면 '나에게 웃긴 삼촌이 있었다' 정도일 텐데, 이 말은 어릴 적 성적 학대를 당했다는 것을 우회적으로 표현한 것이다. 이런 표현도 쓰는 지역이 따로 있고, 아닌 지역도 있기 때문에 영어 공부를 할 때 굳이 우선순위에 넣지 말자는 것이다. 아래 그림의 밑의 부분(지역, 세대, 집단)에 해당되는 언어 표현일 것이다.

이 이야기는 지역 언어일수록 오히려 더 배우기 어려울 수 있다는 의미이다. 그 효용성을 따졌을 때도 우리가 어떤 영어에 초점을 맞추는 것이 더 좋을지 쉽게 판단할 수 있을 것이다. 물론 특정 지역에서 주민들과 소통하고 어울려 사는 것이 목적이라면 그 집단의 언어에 능숙해지는 것이 현명할 것이다. 그런데 우리는 그러지 않은 상황에서도 지협적인 영어를 중시하는 경향이 있다. 이것이 더 능숙한 영어라고 오해하기 때문이다.

이러한 영어의 차이를 이야기할 때 발음 문제를 빼놓을 수 없다. 미국식 영어가 표준이 아니라면, 영어 발음을 대하는 우리의 자세는 어때야 하는 것인가? 그리고 영어발음은 얼마나 중요한 것인가?

우리가 발음에
집착하는 이유

앞서 언어능력의 관점에서 10년 혹은 20년 이상 영어권 생활을 하고 있는 교민들조차도 영어실력이 그리 높지 않음을 설명했다. 그렇다면 우리나라에만 머물러 있는 사람들의 영어 실력은 어느 정도일까? 물론 교민들보다 더 영어를 잘하는 사람들도 많이 있다. (어떤 사람들인지 뒤에서 설명하겠다) 그러나 제대로 된 영어를 구사하는 사람들은 많지 않다. 귀국한 교민 2세들의 영어는 별도이다. 이들은 앞서 말한 원어민이 가진 약점(영어가 모국어이기 때문에 논리적으로 이해하지 못한 부분이 많다는 점)을 그대로 가지고 있다.

우리나라에 거주하고 있는 사람들의 영어실력을 판단하기 위해 가볍게 우리 주변을 살펴보자. 영어공부를 하는 사람은 무척 많을 것이다. 그 중 영어공부에 성공하여 출중한 영어실력을 갖춘 사람들이 얼마나 있는가(영어시험 결과와는 다르다. 영어성적과 실제 영어능력과는 별개이니 말이다). 성공한 사람이 한 명도 없을지도 모른다. 있다 하더라도 내가 직접 아는 사람이 아닌 TV나 유튜브 등을 통해 봐

온 특수한 사례일 것이다. 토종 한국인이 영어에 능숙하게 하게 되면 모두 신기해할 정도이니 순수 국내파 중에서는 정말 흔치 않다는 뜻이다.

이를 토대로 생각해 보면 우리가 발음에 집착하는 이유는 무척 단순하다.

우리가 영어를 못 알아듣기 때문이다. 하지만 이 단순한 사실이 우리가 영어를 대하는 자세에 막대한 영향을 미친다는 점을 우리가 간과하고 있는지 모른다. 우리는 영어를 제대로 알아듣지 못하기 때문에 상대방의 영어를 제대로 평가할 수가 없다. 유일하게 평가할 수 있는 단서는 소리뿐이다. 아무리 영어를 못해도 원어민의 발음과 한국식 영어 발음은 구별할 수 있기 때문에 말소리만 듣고 원어민과 같은 영어를 구사한다고 느껴지면 무의식적으로 '잘하는 것 같은데'라고 판단한다.

그러나 발음과 억양의 느낌을 가지고 판단하는 것이지 언어의 본질적인 의미로 파악하는 것은 아니다.

이렇다 보니, 심지어 언어의 논리적인 연결이 부족한 어린이들이 구사하는 영어도 무척 유창한 영어로 여기기도 한다. 어린아이들은 모국어에 대한 발음이 좋고 때론 말이 빨라 자연스럽게 들리기 때문이다. 하지만 어린아이가 구사하는 언어 수준이 높지 않은 것은 당연하다.

발음에 집착하면서 발생하는 이러한 오해들은 왜곡된 선입견을 갖게 한다. 실질적인 영어능력은 좋지 않은데 발음이 좋다(우리가 흔히 생각하는 미국식 발음)고 해서 영어를 잘한다고 오해하는 것도 문제지만, 반대로 발음이 좋지 않다고 무시하는 분위기가 더욱 심각한 문제가 된다. 발음과 영어능력의 상관관계는 생각보다 크지 않기 때문이다. 예를 들어 우리는 프랑스 원어민들이 영어를 하는 것을 들으면 왠지 어색하다. 그리고 그 발음을 들으면 영어를 제대로 못하거나 부정확한 영어를 구사한다고 판단할 가능성이 크다. 특히 인도나 동남아시아 사람들이 구사하는 영어는 더욱 폄훼할지 모른다. 그러나 그러한 악센트임에도 불구하고 훌륭한 영어를 구사하는 사람들은 많다. 그렇다면 원어민들은 다른 억양이나 발음을 가진 영어를 어떻게 평가할까?

오히려 우리의 예상과는 반대이다. 비원어민적인 발음의 영어를 구사하는 사람들이 단어 선택과 문장구성을 명쾌하게 사용하면 더 대단하다고 여기게 된다. 게다가 이러한 영어를 구사하는 사람들에게는 까다로운 스피킹 기준을 적용하는 것이 아니라 이들의 영어를 관대히 받아들이고, 이들과 이야기할 때는 더 부드러운 소통을 시도한다. 발음을 또박또박해주면서 말이다.

실제로 미국 원어민들은 프렌치 악센트(French Accent)가 섞인 영어 발음을 들으면 왠지 멋스러워 보인다고 얘기하는 사람들이 많다. 즉 영어는 무조건 원어민들을 흉내 낼 것이 아니라 자신의 모국어의 악센트를 당당히 사용하는 것이 더 좋을 수 있다는 것이다. 영어에 자신의 정체성을 싣는 것이 더 큰 의미가 있다. 앞서 언급한 타일러 라쉬는 우리말에 능숙하다. 우리글을 명확하게 쓸 줄 안다. 하지만 우리말 발음이나 악센트는 어떠한가? 약간의 어눌함이 있다. 이를 듣고 발음을 교정해야 한다고 여길 것인가? 아마 조금은 관대하게 넘어갈 것이다. 우리가 영어를 할 때 원어민들도 우리에게는 관대하다(그렇지 않은 사람은 사회적 소양이 부족한 사람일 것이다).

우리는 상대방의 본래 모습 보다 겉으로 드러나는 꾸며진 것들을 보고 판단하면서 많은 오류를 범하기도 한다. '외모지상주의'의 폐해의 경우처럼 말이다. 영어도 마찬가지이다. 그럴듯하게 들리면 영어를 잘한다고 생각하게 되고, 발음이 투박하거나 속도가 느리면 으레 영어를 못하는 것으로 판단해 버리는 것은 우리가 생각하는 것보다 영어 학습에 심각한 방해요인으로 작용할 수 있다.

그 폐해 중에 또 다른 부분은 영어 교육 시장의 컨텐츠에 대한 판단이다. 사실 우리나라 영어 교육 시장은 상당히 독특하다. 소비자들이 상품의 본래 가치를 판단하지 못하는 기울어진 시장이다. 영어교육 서비스에 대한 상품의 질이 정말 좋은지 나쁜지 소비자들은 제대로 알지 못한다. 잘 모르니 강사의 발음과 스펙 등을 보고 강사의 수준을 결정하기도 한다. 발음을 필요 이상으로 중요하게 여기지 말아야 하는 이유는 오늘날의 영어는 몇 개국에만 국한되지 않고 어떤 나라에서건 상대방을 배려하며 사용될 수 있어야 하기 때문이다. 그리고 이러한 글로벌 영어의 필요성은 점점 더 커지게 되는 것은 자명하다.

거스를 수 없는
글로벌 환경

호주에 거주하던 시기에 중국 학생들과 이야기를 나눌 기회가 있었다.

중국 학생 : 내가 만난 한국 사람 중에 영어를 못하는 사람들이 너무 많았어요. 한국 사람들은 유독 영어를 못하는 것 같아요.

나 : 그래?

중국 학생 : 중국인들과 비교해보니 한국인의 영어 능력이 많이 떨어지더라고요(약간 중국인들이 우수하다는 뉘앙스가 느껴졌다).

나 : (뭔가 반박을 좀 하고 싶어서) 네가 여기서(호주) 만난 대부분의 한국인들은 '워킹홀리데이 비자'를 받고 온 거야. 이 말인즉슨, 영어를 잘하지 못하는 한국 사람도 쉽게 호주에 올 수 있다는 뜻이야. 그런데 중국 학생들은 '학생비자'를 통해서만 호주에 올 수 있으니 웬만큼 영어를 할 줄 아는 사람들이 오게 되는 거지.

중국 학생 : 아 그러네..

그렇다. 세상 사람들 누구나 쉽게 글로벌화가 될 수 있는 건 아니다. 하지만 우리나라 사람들 대부분은 이미 쉽게 해외에 나갈 수 있다. 영어권 국가가 아니더라도 일단 해외에 나가면 공용어로 영어를 쓰기 때문에 영어 환경에 자연스레 노출된다. 게다가 여행이 아니더라도 외국인을 접할 기회가 점점 많아지고 있으며, 날이 갈수록 우리 주변에서도 글로벌화되고 있다는 것은 누구나 느끼고 있을 것이다. 글로벌화는 우리 실생활에서도 거부할 수 없는 현실이 된 것이다. 이에 따라 영어의 필요성이 우리의 생활 속에 깊숙이 들어오고 있다.

그런데..

"정말 나에게 영어가 필요한가?" 이에 대해 좀 더 깊이 생각해볼 문제가 있다. 사실 언어의 글로벌화를 단계적으로 생각해 볼 수 있다. 나는 이를 3단계로 나누어 생각을 해봤다(필자가 쉬운 설명을 위해 마련한 기준임을 미리 밝혀둔다).

일반적으로 처음 1단계 글로벌화에서는 외국 문화를 간접 체험하게 된다. 미디어를 통해 외국의 문화를 접하고 외국 제품을 사용하는 일 등이 해당된다. 이 단계에서는 외국어의 필요성을 거의 느끼지 못한다. 행여나 외국어를 배운다 하더라도 사용할 기회가 그리 많지도 않을 것이다.

2단계 글로벌화는 외국인들과의 직접적인 만남이 이루어지는 단계이다. 이 만남도 어느 정도의 관여도가 있느냐에 따라 차등이 있겠지만 길거리에서 외국인을 마주하거나, 해외 사이트에서 물품구매를 하는 것, 해외에 여행을 가서 직접 외국문화와 외국인들을 상대하는 정도일 것이다. 이 경우에는 외국인들과 직접 소통을 하기 때문에 외국어 구사가 실제적으로 필요하다. 하지만 냉정히 생각해 보면 이 단계에서도 외국어가 아주 중요한 역할을 하지는 않는다. 그 외국인을 상대하는 것이 내 생활에 미치는 영향이 크지 않기 때문이다.

마지막 3단계 글로벌화는 외국문화와 외국인이 나에 삶에 직접적인 영향을 미치는 단계이다. 외국에서 공부를 하거나, 외국인들과 사업적인 교류를 하는 일 등이다. 아예 해외에서 거주하는 것도 여기에 포함될 것이다. 이때는(영어권 국가라면) 영어가 나와 아주 밀접한 관련을 갖게 된다. 영어를 못하는 것은 엄청난 스트레스로 다가올 것이고 이로 인한 실질적인 피해도 발생할 수 있다.

위의 세 단계는 나라별로 혹은 개인별로 큰 차이를 보이게 된다. 현재 우리나라 대다수의 사람들은 1단계와 2단계의 글로벌화 단계에 있기 때문에 영어가 그리 중요하지 않다고도 볼 수 있다. 그러나 3단계가 되면 그 중요도는 급격히 높아지게 되고 영어능력이 곧 나의 경쟁력을 좌지우지하게 된다.

그렇다면 여러분의 글로벌화는 과연 지금 몇 단계인가 생각해 볼 필요가 있다. 만약 1,2단계라면 여러분은 아마 '영어공부'를 게을리하고 있을 것이다. 여러분 잘못이 아니다. 필요가 없으니 안하는 것이다. 하지만, 과연 현재 나의 글로벌화 단계가 앞으로 어떻게 변할지도 함께 고민해 봐야 한다. 결국 가속화되는 글로벌화를 거스를 수 없을 것이기 때문에 대비를 해야 한다.

사실 우리는 당장 영어를
할 필요가 없을지 모른다

현재까지의 이야기를 곰곰이 돌이켜봐도 '우리에게 영어가 정말로 필요한가?'라는 의문은 여전히 남는다. 주변에서 모두 영어가 중요하다고 난리고, 영어를 못하면 마치 무능한 사람처럼 취급을 받는 사회적인 분위기 때문에 마지못해 영어를 해야 한다고 생각하는 것이다. 하지만 우리의 무의식은 우리에게 '영어가 필요 없다'는 것을 너무나도 잘 알고 있다. 그러니 실질적으로는 영어공부에 대한 동기부여가 약한 것이다.

우리의 뇌는 우리에게 꼭 필요한 것과 재미있는 것만 하도록 만드는 경향이 있다. 영어가 크게 필요 없고 게다가 재미까지도 없으니 영어는 우리와 멀어질 수밖에 없다. 시간이 없다는 것은 핑계일 뿐, 이미 영어를 우리 삶의 우선순위에서 뒤로 밀어버렸다는 뜻이다.

지금 당장 필요 없는 영어가 무엇 때문에 누구에게나 중요한 것처럼 보이는 것일까? 그 이유를 생각해 보면 다음과 같이 따져볼 수 있다. 우리는 영어를 못하는 것을 부끄러워하는 경향이 있고, 특히 사회적으로 인정받는 위치에 있는 사람들은 이를 본인의 아킬레스건으로 생각하기 때문이지 않을까. 겉모습을 중시하는 우리의 문화가 더욱 이렇게 만들고 있는 것이다.

이는 수영에 비유할 수 있다. 어떤 사람이 바닷가에서 수영을 멋지게 하는 모습을 보면 누구나 수영을 잘하고 싶어 한다. 게다가 수영을 잘하는 사람이 인기가 많다면 더더욱 잘하고 싶어 할 것이다.

하지만 우리가 직접 물에 들어갈 일이 없다면 굳이 수영을 배우지 않을 것이다. 내가 물가에 살고 있거나 강이나 바다와 직접 관련된 일을 하는 등 정말로 물에 들어갈 일이 있어야 수영을 하게 될 것이다.

영어도 마찬가지이다. 영어를 하고 싶다면 그 필요성에 먼저 접근해야 한다. 영어는 갈수록 더 많은 사람에게 반드시 필요해질 테지만, 실제적인 필요성이 왜곡되어 있는 건 사실이다. 우리의 영어 시장은 나의 영어에 대한 필요성과 상관없이 우리 사회의 욕망을 반영하는 시장을 형성하고 있다.

이 이야기의 핵심은 <u>영어 공부에 있어서 동기부여가 매우 중요하다는 것이다.</u> 동물들이 배부르면 사냥을 하지 않듯이 '동기'가 없으면 우리는 움직이지 않는다. 필요도 없고 재미도 없다고 생각되는 영어 공부이지만, 사실 그렇지 않다. 영어는 필요도 있고 재미도 있다. 단지 우리가 기존의 알고 있던 내용들과 조금 다른 각도로 보는 것이 필요하다. '영어의 필요성과 재미'의 본 모습을 느껴야 잘못된 영어 공부습관과 사고방식을 바꿀 수 있다.

우리나라의 영어 교육 시장의
현실을 간파하자

　일반적으로 소비에 대한 혜택은 기분이 좋다. 새로 산 옷을 입거나 맛있는 음식을 먹을 때, 영화표를 구매해 영화를 볼 때도 보통은 기분이 좋아진다. 하지만 영어교육 서비스는 내 돈을 내고 직접 소비하는 것임에도 불구하고 서비스를 받으면서도 기분이 즐겁지는 않다. 소비 자체가 일종의 '고통'인 특이한 상품인 셈이다. 이러한 점을 반영하여 국내 영어 교육 시장을 살펴보면 영어 시장에 대한 이해가 더 수월해진다.

　영어는 '즐거움'을 주는 시장이 아니기 때문에 다른 시장에 비해 '절실한 필요'에 의해 시장 형성이 되고 있다. 생활 영어에는 겉치레가 다소 있지만, 영어 구매에 있어서는 겉치레가 거의 없는 특정한 목적을 위해 형성된 시장이다. 다시 말해 개인이 영어 공부를 따로 하지 않으면 더 이상 안되겠다고 생각했을 때 구매가 이루어진다(물론 마케팅에 속는 경우도 더러 있지만).

　그렇다면 이러한 특수한 목적의 '수요' 위주로 반영된 우리의 영어 교육 시장은 어떻게 구성되어 있을까? 일단 우리나라 사람들이 영어공부를 하는 가장 큰 이유가 무엇인지 생각해 보면 된다. 바로 실제적인 영어라기보다는 '영어시험'에 대비한 준비일 것이다. 그래서 시험 점수를 얻기 위한 영어교육 시장이 가장 크다. 그것도 압도적으로 말이다.

이러한 목적을 위한 공부로 영어성적은 오를 수는 있어도, 이런 식으로는 실질적인 영어 소통 능력이 길러지지 않는다는 것을 앞선 얘기들을 통해 알 수 있었다(물론 우리들의 학창시절 체험을 통해서도 잘 알고 있다). 그러다 보니 영어공부를 해도 실제 외국인과의 간단한 대화조차도 되지 않을 때가 많다. 그에 따라 외국인과 대화라도 해볼 수 있게 만들어 주는 성인을 위한 '기초회화 시장'이 태동하게 되었고, 지금은 급속하게 성장해있다. 이러한 영어 시장의 큰 틀의 변화도 아래와 같이 단계별로 정리해 볼 수 있다.

1 단계 영어시장 : 과거에는 우리 사회에서 '영어 교육시장'이 시험 준비 위주로 활성화되어 있었다. 여전히 그런 면이 강하고 이에 걸맞게 시장도 압도적으로 제일 크다. 수능 오픽 토익 등 전통적인 영어 사교육 시장이 모두 여기에 들어간다.

2단계 영어시장 : 대중들의 개별적인 글로벌화에 발맞춰 직접 외국인과 만나는 사례나 미디어를 통한 노출이 많아지면서 실제적인 '소통'의 필요에 의해 회화시장이 생겨났고, 깊이 있는 영어보다는 주로 기본적인 소통 위주의 '기초회화' 시장으로 형성되어 있다. 1단계 시장의 대안으로 생겨난 시장이다.

3단계 영어시장 : 앞으로는 글로벌화의 활성화가 가속화될 전망이기 때문에 '깊은 이해'를 바탕으로 하는 '경쟁력 있는 영어'의 필요성이 대두되어 이에 대비한 영어교육을 제공하는 시장이다.

아직 이 3단계 영어 시장은 활성화되어 있지 않지만, 이 영어교육이 우리가 가장 주목해야 할 시장이다. 그 이유를 설명해 보겠다. 앞에서 설명한 언어능력의 수준을 다시 살펴보자.

일반적으로 그 사회에서 통용되는 언어의 수준이 level 3이 넘어야 경쟁력 있는 언어의 수준이며, 이 수준을 넘는 사람은 성인 중 절반 밖에 되지 않는다고 했다. 그런데 1단계 영어시장은 아쉽게도 이와 같은 언어능력과는 별 상관이 없다. 그래서 다음의 그림과 같이 왼쪽 부분에 별도로 존재하는 것으로 표시했다. 이렇게 효과가 없음에도 불구하고 이 시장규모는 압도적으로 커서 10조 규모로 추정된다(단, 1단계 시장에서도 어린이들은 어느 정도 효과가 있어서 기본적인 의사소통이 가능해지게 된다).

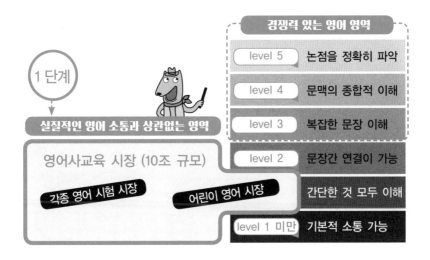

2단계 영어교육 시장의 서비스를 제대로 따라가게 되면, 성인들도 어느 정도의 의사소통이 가능해진다. 그것도 제대로 공부해야 가능한 것이다. 하지만 이 컨텐츠로는 경쟁력 있는 영어 능력을 갖추기는 힘들다.

결국 1단계와 2단계 시장을 합한 어마어마한 영어교육 시장은 경쟁력을 갖추기 위한 영어능력과 별개라는 것이다.

하지만 3단계의 컨텐츠들은 이야기가 다르다. 경쟁력 있는 영어능력에 도달하게 돕는 컨텐츠들이다. 이런 영어능력을 갖춰주는 컨텐츠를 3단계 시장으로 넣는 것이다.

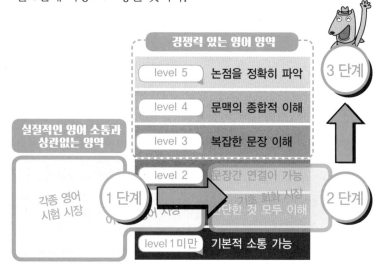

이러한 영어 컨텐츠들이 한국에 있을까? 있긴 있다. 한국 사람들에 의해 많이 개발되어 있고 이러한 컨텐츠들로 공부한 이들의 영어가 실제로 급성장했다('보글리쉬'도 하나의 예이다). 하지만 우리 눈에 잘 띄지 않는다. 아직은 컨텐츠가 많지 않기도 하지만, 이런 컨텐츠들은 숨어 있기 때문이다. 특히 상업적 사용을 위해 컨텐츠를 보호하고자 특허를 신청하는 등 폐쇄적으로 운영하기 때문에 더더욱 그렇다.

이 내용에 대한 이야기를 강연 등에서 전달할 때는 특정한 브랜드들을 거명할 순 있지만, 책 지면을 통해서는 민감한 사항이다. 단, 책에서 주장하는 내용을 수긍하다 보면 여러분들이 직접 찾을 수 있도록 도움을 줄 순 있다.

즉 우리가 영어를 잘 하고 싶어도 아직까지는 제대로 공부할 영어 컨텐츠가 우리나라에 많지 않은 것이다. 앞으로는 숨어 있는 이러한 컨텐츠들이 세상에 드러날 것이고, 궁극에는 3단계 컨텐츠들의 탁월한 효과로 인해 1단계 시장과 2단계 시장의 컨텐츠들의 시장을 장악할 것으로 예상된다.

하지만 그때까지는 시간이 많이 필요하고, 그전에 우리가 이러한 컨텐츠를 찾아내고 선별해 내는 능력이 필요하다. 우리의 빈약한 영어 현실을 극복하기 위한 방안 중 기본적인 것들에 대한 개념을 조금 바꾸기만 해도 이런 컨텐츠들을 우리가 스스로 찾을 수 있고, 이로 인해 영어 능력 향상에 큰 도움이 될 수 있다. 그리고 아울러 영어의 진짜 필요성에 대해서도 이야기해보자.

원어민은
모르는 영어 원리
(조금만 생각을
바꿔도 쉬워지는 영어)

Part 2

여러분의 영어 기초는
괜찮으신가요?

영어를 습득하려고 하는 것은 공부일까, 아닐까? 이에 대한 의견은 의외로 분분하다. 왜냐면 영어는 공부로서 해야 하는 것이 아니라 자연스럽게 익숙해져야 한다는 주장도 많기 때문이다. 즉 일반적인 학습과 달라야 한다는 것이다. 하지만 앞서 언급했던 '경쟁력 있는 영어'를 위해서는 영어에 대한 논리성과 규칙성을 제대로 받아들여야 하기 때문에 깊이 있는 접근을 요한다. 따라서 심도 있게 생각하고 연구하는 고차원적인 학습이라고 밝히고 싶다(단 무척 쉽고 재미있는 공부다). 이런 깊이 있는 이해를 기반으로 연습과 반복을 거쳐 온전한 감각이 생겨야 하는 것이다. 성인들이 외국어를 받아들일 때는 더욱 그래야 하며, 특히 다른 언어보다도 영어가 속한 유럽권의 언어들이 더욱 그렇다. 이제 우리가 다시 생각해봐야 하는 공부에 대한 자세를 이야기 해 보자.

공교육을 위시한 우리의 교육과정은 나이에 따라 배우는 과정이 모두 비슷하다. 차곡차곡 천편일률적인 과정을 거친다. 대부분의 교육 과정이 마찬가지이지만 말 그대로 차곡차곡 제대로 배워야 온전히 받아들일 수 있게 된다. 중간 과정을 배우지 못하거나 이해가 부족한 상태로 지나가게 되면 다음 진도에 치명적인 영향을 받게 된다. 하지만 학교는 다 같은 나이에 같은 과정을 배워나가기 때문에 어쩔 수 없다(그래서 이런 시스템은 수많은 중도 탈락자를 양성한다). 따라서 앞부분에서 배우지 못하거나 학습량이 부족하거나 혹은 잘못 이해해도 되돌리려는 실천을 잘 못한다. 이러한 학습 습관은 우리의 진정한 공부를 방해한다. 기초가 등한 시 되는 것이다.

많은 다른 나라들도 마찬가지일 것이다. 기초를 등한 시 하기 때문에 발생하는 문제의 예시를 하나 들어 보겠다. 필자는 주로 대학생들, 즉 학부 수업보다는 대학원 수업을 주로 하기 때문에 석사 및 박사 과정 학생들을 많이 접한다. 특히 박사과정을 마무리하는 박사학위 논문을 쓰는 학생들에게 멘토 역할을 주로 한다. 박사 논문을 작성하는 학생들은 이미 학자로서 스스로 연구를 해낼 수 있는 능력들을 갖추고 있는데, 필자가 속한 경영학과의 경우 연구에 대한 방법론으로 '통계학'을 많이 사용한다.

경영학에서는 통계학이 중요하기 때문에 대학 1학년 혹은 2학년부터 '기초통계학'으로 시작하여 통계학과 관련된 수업들을 지속적으로 듣게 된다. 석사과정도 마찬가지이고, 박사과정까지 이어진다. 이처럼 박사과정 논문을 쓰는 대학원생들은 거의 10년 동안 통계학 수업을 듣고 공부를 해왔기 때문에 고급 통계를 다루게 된다. 특히 현재는 컴퓨터를 활용한 통계 프로그램(알고리즘)이 발달했기 때문에 손쉽게 분석 결과를 뽑아 볼 수 있다. 누구나 제법 잘 다루는 것처럼 보인다.

여기서 큰 착각이 발생하는 것이다.

통계를 자주 접하게 되면서 익숙해지면 마치 어려운 통계를 자신이 잘 아는 것처럼 착각하게 된다. 즉 자신의 생각에 자신이 속는 것이다(이를 '메타인지 오류'라고 표현한다). 게다가 통계분석을 본인이 직접 하는 것이 아니고 컴퓨터가 분석을 대신해주는 것임에도 불구하고, 이마저 본인이 분석한 것처럼 오해한다.

그래서 박사과정 대학원생들은 이렇게 생각한다.

'난 통계분석을 잘하지..'

하지만 분석 방법을 약간이라도 바꾸거나 더 정확한 분석을 요구하면 처리하지 못하는 경우가 대부분이다. 그것을 왜 처리를 못하는지 다시 점검해 보면 의외의 결과가 나온다.

"왜 못하는 걸까? 뭘 모르는 걸까?"에 대한 이유를 살펴보면 대부분 이 친구들이 처음 통계학을 접했을 때의 과목인 '기초통계'와 관련된 부분이었다. 거의 예외가 없었다. 그리고 박사과정 학생들이 통계의 기초 부분에 대한 이해를 다시 정확히 하게 되면, 어려웠던 혹은 풀리지 않았던 거의 모든 문제가 해결된다.

곰곰이 생각해 보면 우리의 공부도 마찬가지인 경우가 많다. 내가 공부하거나 배우고 있는 부분이 현재 자신의 수준이라고 생각하는 경향이 있다. 그래서 난이도가 높은 부분을 대하고 나면 기초에 해당되는 부분을 등한시하는 습관이 생긴다.

영어도 그렇다. 오랜 기간을 접하다 보니, 모르는 것도 아는 부분이라고 생각할 때가 많다. 사실 2부의 내용은 대부분 영어의 기초에 해당되는 부분이라고 할 수 있다. 하지만 여기서 소개될 내용들을 제대로 아는 사람들은 많지 않다. 그럼에도 불구하고 그 중요성은 무척 높다. 하나씩 살펴보다 보면 나도 모르는 사이에 영어를 받아들이는 습관이 바뀔 것이다.

3인칭 단수에
S를 왜 붙여요?

영어의 가장 기초적인 부분의 이야기를 해볼까 한다.

해외에서 일할 당시 어떤 사람이 찾아왔다.

"영어 공부를 하고 싶은데 방법을 모르겠어요. 저는 학창 시절 권투 선수 출신이에요. 공부에는 전혀 관심이 없어서 기초가 전혀 안 되어 있는데, 가능할까요?"

어려움이 예상되었지만 도전 정신도 생겨서 일단 영어 공부를 시작해 보기로 했다. 내가 많은 시간을 할애할 수 없어 매일 짧은 시간을 공부했다. 나름대로 기초부터 차근차근 공부를 해 나가기 시작했는데, 며칠이 지나 서로 친해지기도 하여 이 친구가 질문을 하기 시작했다.

"형~ 'do'가 무슨 뜻인지는 알겠는데요, 'does'는 무슨 뜻인지 모르겠어요. 왜 이렇게 다르게 써요?"

예상하지 못한 질문이었다. 하지만 이 간단한 질문은 나에게 생각할 점을 제공해 주었다. 내가 기초라고 생각한 것과 이 학생에게 필요한 기초가 많이 다르기도 했지만, 그것보다도 나도 몰랐다. 소위 3

인칭 단수의 현재형 동사를 쓸 때 왜 '~s'를 붙이는지 말이다. 그러니 당연히 이 친구에게 설명을 해줄 수가 없었다.

영어에서 3인칭 단수의 현재형 동사에 '~s'등을 붙인다는 것은 대부분이 알고 있는 사실이다. 하지만 '왜?'라는 물음에는 답을 할 수 있는 사람이 많지 않다. 그냥 외우게는 만들지만 왜 그런지는 설명을 해주지 않는 것이다. 영어 선생님들도 그 이유를 모르니 그럴 것이다. 이 친구에게 합리적인 이해를 시키기 위해 내 스스로 "왜 그럴까?"에 집중해 보게 되었다.

그 이유가 설명되는 하나의 에피소드가 있었다. 필자의 지인 중에 미국의 명문대학에서 영문학 박사학위를 받고 우리나라 대학에서 교수로 일하고 있는 분이 있다. 그의 영문학 박사과정 재학 시절, 마지막 학기에 논문을 쓸 당시의 일이라고 한다. 비영어권에서 유학을 온 대학원생들은 의무적으로 이수해야 하는 영어 교육과정 있었다. 박사학위를 받기 직전 단계에 있는 학생들이 듣는 영어 수업이니 뭔가 수준이 높고 어려운 내용을 배우겠다는 기대감에 이 수업에 참석했지만, 수업을 들으면서 큰 실망을 했다고 한다.

겨우(?) 3인칭 단수 현재형 동사에 '~s'를 붙이는 연습을 시키더라는 것이다.

"헉 내가 이 비싼 학비를 내고 이런 걸 배워야 해? 다 아는 내용인데.."

슬며시 짜증이 밀려오기도 했지만 일단 수업에서 시키는 연습을 다 소화는 했다고 한다. 그런데 그 후 놀라운 일이 나타났다. 이 수업

과정이 끝나고 연구실에 돌아와 영어 책을 읽는 순간, 갑자기 예전보다 영어 문장들이 훨씬 술술 읽히는 경험을 하게 된 것이다.

'3인칭 단수에 붙이는 s가 중요한 것이었구나..'

유럽권의 언어들은 주어와 동사의 관계가 매우 밀접하다는 이유 때문이었다. 그나마 영어가 독일어 등에 비해 이 관계가 약한 것이다. 유럽의 언어에서는 주어의 시점에 따라 동사의 모양들이 다르다. 즉 주어만 봐도 동사가 어떤 모양인지 예측이 가능해져, 주어를 본 순간 문장에서 동사가 두각 되어 보이는 것이다. 영어도 동사가 문장구조를 결정하기 때문에 이 <u>동사를 인식하는 것이 무척이나 중요하다.</u>

그 예시를 직접 보자.

- Willingness you want to change your life through English makes your perspective to the world broaden.

'영어를 통해 당신의 인생을 바꾸고 싶은 의지는 세상을 향한 당신의 관점을 넓게 만들어 줄 것이다'의 의미이다. 문장에서 3인칭 단수가 어떤 역할을 하는지 보기 위한 문장이니, 혹시 위의 문장이 어렵다 해도 자세히 해석할 필요는 없다. 해석이 중요한 것이 아니라 대략적인 구조만 보면 된다.

1. 주어를 대하는 자세

일단 주어는 'Willingness'이다. 이는 당연히 나(I)도 아니고 너

(you)도 아니기 때문에 무조건 3인칭이 된다. 그리고 'willingness'와 같은 단어는 주로 현재형 동사가 많이 사용된다. 여기서 중요한 것은 원어민들은 이 단어를 본 순간 동사에 '~s'를 붙일 생각을 이미 한다는 것이다. (우리도 영어를 감각적으로 사용하려면 이렇게 받아들여야 한다)

2. 즉시 발견되는 동사

이 문장에 동사 모양을 가진 단어들은 want, make, broaden 등이다. 하지만 문장에서의 진짜 동사는 하나이다. 3인칭 현재형 단수 형태의 주어에 익숙해지면 마치 특수한 안경을 착용한 것처럼, 아래와 같이 makes가 동사인 것이 두각 되어 보인다.

<u>Willingness</u> you want to change your life through English **makes** your perspective to the world broaden.

이런 감각이 생기면 특히 영어의 초보자들이 큰 혜택을 보게 된다. 문장의 뼈대를 이루는 동사가 확 눈에 띄게 되는 것이다.

3. 동사의 인식으로 인해 쉽게 보이는 문장구조

make가 동사로 인식이 되면 make라는 동사에 익숙한 사람들은 또다시 아래와 같이 문장 구조가 훤히 보이게 된다.

<u>Willingness</u> you want to change your life through English **makes** <u>your perspective to the world</u> <u>broad-</u>
① ②
<u>en</u>.

make는 다소 독특한 동사에 속하기 때문에 위와 같이 두 구문이 따라온다. '① 세상을 향한 당신의 관점 이' '② 넓어진다'로 자연스럽게 이어지게 된다.

영어에서는 주어+동사의 문장구조를 기본으로 이루어진다는 점을 인식하는 것이 가장 중요한데, 동사에 붙는 's'가 문장을 파악하는 속도를 높여주는 것이다.

보통은 's'를 붙이는 것이 오히려 영어를 더 어렵게 만든다고 생각하겠지만, 오히려 그 반대이다. 만약 불편하다면 영어권에서 이미 없어졌을 것이다. 언어는 지속적으로 변하지만 필요하니 계속 사용하는 것이다.

3인칭 단수의 현재형 동사에 '~s'를 붙인다는 것을 단순히 알고만 있는 것으로는 부족하다. 완전히 몸에 배듯이 익숙해져야 제대로 활용할 수 있다. 기초 중의 기초이지만 이것에 익숙한 한국 사람은 의외로 많지 않다.

어쩌면 '~s'를 생략해도 의사소통에 큰 지장은 없을 것이다. 그러나 만약 원어민들 앞에서 'He do' 라고 하거나, 'My sister live in Seoul'이라고 '~s'를 생략하게 되면 원어민들은 상당히 어색해 한다. 그리고 이는 우리의 영어 실력이 형편없음을 바로 표시하는 단서가 된다. 그래서 실제로 원어민들이 이렇게 간단한 부분을 듣고 외국인인 우리의 영어 수준을 판단하기도 한다. 그리고 이러한 단서는 하나가 더 있다. 다음 주제에서 살펴보자.

우리가 무시하는
관사의 중요성

한국인들을 많이 접하는 외국인일수록 한국 사람들의 영어에 대해 많이 하는 얘기가 있다.

"나는 한국 사람을 만날 때 3인칭 단수에 '~s'를 습관적으로 붙이는지와 '관사'를 제대로 사용하는지를 봐. 그러면 이 사람이 영어를 잘하는 사람인지 쉽게 판단할 수 있어. 이것만으로 판단해도 거의 안 틀리더라고"

"한국 사람들은 관사를 너무 등한 시 하는 것 같아"

맞는 말이다. 그리고 어찌 보면 당연한 일이다. 우리말 개념에는 관사가 없기 때문이다. 영어를 제대로 이해하는 사람은 관사를 적절하게 활용한다. 실제로 관사는 영어식 사고와 우리말식 사고의 차이점을 가장 상징적으로 설명할 수 있는 개념이다.

어떤 이들은 영어(단어)는 추상적인 개념이기 때문에 단어가 실물을 직접 표현하려면 관사를 써야 한다고 설명을 한다. 하지만 이런 설명보다는 오히려 "영어는 우리말보다 더 구체적이기 때문에 추상적인 개념과 실물을 명확히 분리하기 위해 관사가 사용된다"라고 말하는 편이 나을 듯싶다.

쉽게 말해 영어에서는 관사가 붙지 않으면 정해진 실물이 없다는 의미이다.

cup은 실제 '컵'을 지칭하지 않는다. cup은 단어를 지칭하거나 개념만을 이야기하는 것이다. 실존하는 '컵'을 지칭하려면 관사를 붙여야 한다.

- a cup
- the cup

혹은 my cup, this cup이나 cups라는 여러 개를 지칭하는 의미의 복수 형태를 써야 한다.

즉 단어(혹은 개념)와 실물이 분리되는 역할을 하는 것이 관사이다.

우리말로 "저 학교 가요"라고 한다면 여러 상황에서 쓰일 수 있다.

①'지금 단순히 학교라는 건물로 향하는 길이다'

②'공부를 하기 위해 학교에 간다'

그런데 영어는 ①의 상황과 ②의 상황을 관사로 명확히 분리한다.

I go to school은 school에 관사를 쓰지 않았기 때문에 실물에 접근하는 것이 아닌 개념적인 이야기를 하는 것이다. 따라서 '나는 공부하러 (뭔가 배우러) 간다'라는 의미가 된다. 물론 공부를 하러 학교에 가는 것이겠지만 직접적인 표현은 '학교에 간다'는 의미가 아니라

'공부하러 간다'는 의미인 것이다.

단순히 건물을 방문하거나 말하는 이가 학생이 아닌 교사일 경우에는 school 앞에 관사를 붙여 실물인 학교를 의미하게 만들어야 한다. 이럴 경우

I go to **the** school이라고 해야 한다.

관사의 의미로 인해 웃지 못할 엉뚱한 일이 벌어지기도 한다. 해외에서 교도소 재소자들을 위해 봉사를 하고 있는 훌륭한 한국인을 만났다. 그분이 교도소에 봉사활동을 다녀온 후

I went to the prison이라고 하지 않고, I went to prison이라고 말해 웃지 못할 상황이 벌어지곤 했다. 물론 이분의 봉사활동의 이력을 아는 사람들은 '(한국 사람이네..) 관사를 **빼먹었군**'이라고 생각할 것이다. 하지만 이를 모르는 사람들은 '아~ 이분이 전과자였다고 고백을 하는구나'라고 받아들인다. 완전히 다른 의미가 되는 것이다.

- I went to the prison. 감옥(이라는 장소 혹은 건물)에 다녀 왔어요.
- I went to prison. 감옥에 갇혀 있다 왔어요. (수감된 적이 있어요)

이 예시는 관사의 있고 없고의 차이가 얼마나 큰 의미 차이를 만들 수 있는지 보여주고 있다. 만약 계약서를 작성하는 등 중요한 문서라면 관사 하나로 인해 심각한 문제가 발생될 수도 있는 것이다.

따라서 관사의 의미를 제대로 이해해야 한다. 단순히 'a'를 '어떤', '하나의'라는 의미로, 'the'를 '그' 혹은 '특정한 것' 등으로 우리말로 대

체해서 받아들이면 안 된다는 것이다. 정확한 의미를 이해해야 할 뿐만 아니라, 이를 적절히 사용하는 습관을 들여야 우리말과 영어의 차이를 제대로 알 수 있게 된다. 그리고 이를 바탕으로 영어식 사고에 조금씩 접근할 수 있게 된다.

분리해서 생각하면
오히려 쉬운 영어

우리는 쉬운 영어를 아주 어렵게 만드는 재주가 있는 건 아닌가 생각될 때가 있다. 그 예를 하나 들어 보자.

You don't have to go there.

무슨 의미인가?

"너 거기 가면 안 돼"

위와 같이 생각했다면 일단 틀렸다. 완전히 틀린 것은 아니지만 우리말 해석과 영어문장의 의미는 어감이 약간 다르다. "너 거기 가면 안 돼"는 왠지 강제성이 있지만, 이 영어문장 'You don't have to go there'는 '너 거기 갈 필요 없어' 정도의 느낌으로 선택의 여지가 있는 표현이다.

그렇다면 왜 생각보다 많은 사람들이 잘못 알고 있는 것일까? 왜냐면 'have to~'를 '~해야만 한다'로 알고 있기 때문이다. 그러니 'don't have to~'는 '하지 말아야 한다'로 알고 있는 것이다. 정확히 말하면 'have to~'는 '~해야만 한다'가 아니다. 'have to'의 진짜 뜻을 알려면 'have'와 'to~동사'의 의미를 분리해서 받아들이면 된다.

'have'는 우리가 간단히 '가지다', '소유하다'로 알고 있지만, 이보다 조금 더 나아가 '내 손안에 있다'의 느낌으로 대상을 뭔가 통제할 수 있게 '실행하다'의 의미도 들어 있다.

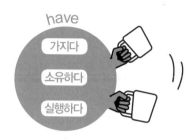

'to~동사'는 단순하다. 앞으로(to) 그 동사를 '하는 것'의 의미로 '앞으로 할 일'이다. 예를 들어 'to read'는 read(읽다)라는 동사에 to를 붙여 명사나 형용사처럼 만들어 '(앞으로) 읽을 일'의 의미를 만든 것이다. 그래서 have to read'는 '앞으로 읽을 일을 가지고 있어'라는 의미가 된다.

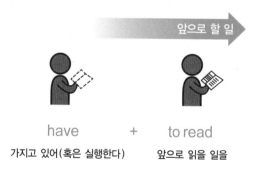

앞으로 할 일

have   +   to read

가지고 있어(혹은 실행한다)   앞으로 읽을 일을

그래서 '읽어야 한다'는 의미로 쓸 수 있는 것이다. 단순히 말해 'have to~'는 '할 일이 있다' 정도의 의미인 것이다. 할 일이 있으니 '해야 하는 것'이 되어 버렸다. 긍정문에서는 '~해야 한다'는 표현이나 '~할 일이 있다'는 표현을 굳이 분리하지 않아도 될 것이다. 그러나 부정문에서는 의미 차이가 확연히 나버린다.

'~해야 한다'의 부정문은 '~하지 말아야 한다'이지만,

'~할 일이 있다'의 부정문은 '~할 일이 없다'의 뜻인 것이다.

You have to go there는 '넌 그곳에 가야 한다'로 해석하나 '넌 그곳에 갈 일이 있다'로 해석하나 의미 차이가 거의 없다. 하지만 You don't have to go there는 '그곳에 갈 일이 없다'의 의미이기 때문에 강제적인 표현이 아니게 된다. 오히려 You don't need to go there와 비슷한 표현이 되는 것이다. 실제로 해외에 있는 한국 사람들도 이처럼 오해하는 경우가 많다. 영어는 이렇게 분리(have와 to~를 분리한 것처럼) 해서 생각하면 훨씬 쉬워진다. 굳이 어렵게 바꿀 필요가 없다.

그렇다면 직접적으로 '~ 해야 한다'의 영어 표현이 뭘까? 여러 가지 표현들이 생각날 것이다. 'must', 'have to', 'should', 'had better' 등 말이다. 그런데 재미있는 사실은 영어에 '~해야 한다'라는 의무를 직접적으로 나타내는 표현은 하나도 **없다**.

영어에는 생각보다 없는 표현들이 꽤 많다. 이것을 이해하기 위해서는 영어의 특이성을 알아둘 필요가 있다. 서양의 언어 중에서도 영어는 독특한 성격을 가진다. 현대 영어는 가장 풍성한 어휘를 자랑하는 언어임에는 틀림없다. 프랑스어, 독일어, 라틴어 등 여러 언어들

이 조합되었기 때문에 여러 디테일한 표현들이 가능해진 것이다. 그런데 영어의 출발점은 앵글로 색슨족들이 사용하던 발달이 덜 된 언어를 기초로 하고 있기 때문에 기본적인 표현이 부족한 경우가 많았다. 특히 동사나 조동사의 표현들이 더욱 그렇다. 그래서 영어에는 여전히 직접적으로는 없는 표현들이 제법 많다. 그중 대표적인 것이 바로 '~해야 한다'라는 표현이다. 이 표현을 대신하는 말들만 존재할 뿐인 것이다.

Must의 경우도 그렇다. 이는 '(반드시) ~ 해야 한다'라는 표현은 아니다. 원래의 의미는 동사 앞에 붙어서 '틀림없이 그렇다'라는 '확신'을 표현하는 말이다.

You must be James라고 얘기하면 일반적으로 '너 (틀림없이) 제임스일 것이다'라는 표현이지. '넌 제임스여야만 해'라는 표현은 아니다. (물론 상황에 따라 그렇게 쓰일 수도 있다)

이 표현 역시 경우에 따라 '~해야만 한다'는 '의무'가 반영될 때가 있는 것이다.

- You must go there
  넌 틀림없이 거기에 간다 ➡ 넌 틀림없이 가야 한다

위와 같이 확대된 것이다.

그렇다면 should는 무슨 뜻일까?

이 역시 '~해야 한다'는 뜻으로 알고 있는 사람이 많을 것이다.

예를 들어 친구가 병으로 죽어가고 있다면 아주 슬픈 목소리로..

He should be dead라고 말할 수 있다.

should가 '~해야 한다'라고 알고 있다면 '(내 친구인) 그가 죽어야 한다고?'라고 생각되겠지만, 그렇지 않다. 이렇게 이해할 원어민들은 아무도 없다. 즉, 원래 should의 뜻은 '~될 것 같다'이기 때문에 He should be dead는 '그는 죽을 것 같다'로 받아들이면 된다.

그런데 우리는 왜 '~해야 한다'로 알고 있는 것일까? 앞서 얘기했듯이, 영어에서는 의무감을 직접적으로 표시하는 '~해야 한다'의 표현이 없기 때문에 '~될 것 같다'라는 should를 확장해서 '~해야 한다' 혹은 '~하는 것이 좋겠다'로 <u>약하게 권유하는 표현</u>으로 쓰인 것이다.

- You should go there.
  너 거기 가게 될 것 같아 → 너 거기 가야 하지 않을까?

참고로 should의 원래 모양인 shall의 의미를 알면 should가 더 쉽게 이해될 것이다. shall은 '반드시 그렇게 된다'의 의미이다.

I shall be thirty years old soon '나 곧 서른 살이 돼'라는 표현이다. 나이를 먹는 것은 어느 누구도 바꿀 수 없는 일이다. 이런 경우 shall을 쓰는 것이다. must 역시 틀림없이 그렇게 되는 것이지만 그건 어디까지나 '내 생각'인 것이다. 신학적 사고가 발달한 영어권에서는 인간의 확신(must)과 운명적인 혹은 신의 영역(shall)이 분리된다고 볼 수 있다.

이런 표현들도 하나씩 본래의 그 의미를 알고 사용할 때 영어식 사고는 점점 더 가까워진다.

단어의 진정한 뜻

Love

모든 사람들이 이 단어의 의미를 안다고 생각할 것이다. 하지만 조금만 더 깊이 알면 여러모로 이득이 많아진다.

서양 문화권에서 우리말로 옮기기 힘든 문장 중에 대표적인 것이 바로..I love you이다.

너무 쉬운가? 잘 생각해 보면 꼭 그렇지마는 않다. 사실 위의 문장은 좀 부담스러운 말이다. '사랑한다'는 말로 간단히 생각하면 안 된다. 서양 남자들은 연인을 사랑해도 이 표현을 쉽게 하지 못하는 모습을 우리는 영화에서도 종종 본다. 오히려 연인 관계에 있는 여자 쪽에서 줄기차게 남자에게 말한다. 'I love you'라고 말이다. 하지만 남자들은 쉽게 여자에게 이 말을 꺼내지 못한다. 이에 여자들이 많이 실망하게 되고, 나중에 이 커플이 많은 우여곡절(보통 영화에서는 여자가 납치되거나, 아주 어려운 상황을 함께 극복하는 등)을 겪게 되며 서로의 관계가 더 긴밀해지면 비로소 남자가 여자에게 "I love you"라고 말하며 이 말을 들은 여자가 감동하는 장면을 많이 봐왔을 것이다.

오픈 마인드의 서양인들이 '사랑한다'는 말이 뭐가 그렇게 어렵다고 쉽게 못하는 걸까? 우리 주변에 서양인 남성들을 사귀는 우리나라의 여성들도 제법 많아졌다. (그 반대의 경우도 있지만, 이 경우는 아직까지는 많지 않다) 이 여성들이 많이 하는 얘기 중에 서양인 남자친구가 'I love you'라고 말을 하지 않는다고 불만을 표시하는 경우가 많다.

한국녀 : I love you

서양남 : Thank you

한국녀 : (뭐라는 거야? 넌 나한테 'I love you'라고 안 해?)

분명 사귀고 있는데도 말이다. 이 때문에 말다툼이 일어나는 경우도 종종 본다. 도대체 왜 그럴까? 'I love you'가 무엇이길래 남자들이 잘 못 뱉는 걸까? 이것은 'love'의 어원을 생각해 보면 저절로 수긍이 간다.

love는 애초에 남녀 간의 사랑을 표현하는 말이기보다는 고대 게르만어에서 이어진 '선택하여 옆에 두겠다'는 의미의 말이다. 이 말이 남녀 간에 사랑까지 확대가 된 것이다. 그리고 더욱 확대되어 뭔가를 '아주 좋아한다'는 의미로도 쓰이게 된 것이다.

언어는 시대에 따라 의미가 바뀌는 것처럼 보이지만 사실상 의미가 바뀌는 것이 아니라 확장되는 경우가 많다. 그리고 원래의 뜻을 제대로 알고 있다면 의미가 확장되어도 상황에 따라 자연스럽게 적용할 수 있게 된다.

예를 들어 어떤 사람이 맥주를 너무 좋아한다면 'I love beer'라고 말할 것이다. 그 얘기를 듣고 '맥주를 이성적으로 사랑하네'라고 받아들이는 사람은 아무도 없을 것이다. 혹은 자신의 자녀들에게 'I love you'라고 했다고 해서 이를 이성적인 사랑으로 받아들이는 사람은 없을 것이다. '무척 아낀다'의 의미로 자연스럽게 생각할 것이다.

만약 연인 관계에서 여자가 남자에게 'I love you'라고 한다면, 이때는 남녀 간 사랑을 의미하는 것이라고 받아들일 것이다. 그런데 남자가 여자에게 'I love you'라고 하는 것은 무게감이 다를 수도 있다. 남녀의 관계로 '사랑한다'의 의미가 될 수도 있지만, 나아가 '(내 인생에서) 널 선택하여 옆에 두겠다'는 의미가 되는 것이다. 남성에게는 무척 중차대한 표현이다. 심지어 뭔가 쟁취하는 느낌마저도 드는 비장한 표현이 될 수도 있다. 서양문화는 주로 부계 사회였기 때문에 남자가 여자를 보호하고 책임져야 하는 문화이다. 따라서 이런 'I love you'를 남성이 여성에게 말할 때의 느낌은 남다른 것이다.

이를 이해하면, 서양에서 왜 남자들이 사랑하는 여자에게 'I love you'라고 쉽게 말하지 못하는지 이해가 될 것이다. 물론 세대가 변하면서 사랑의 무게가 가벼워지기도 하고, love의 어원을 인지하지 못하는 원어민들도 있기 때문에 이들이 사용하는 'I love you'는 가벼울 수 있을 것이다. 하지만 이를 여전히 love를 무겁게 받아들이는 사람들이라면 쉽게 쓸 수 없는 표현이다.

즉 우리가 쉽게 생각하던 단어들도 본래의 감각을 알게 되면 영어를 구사할 때도 상당한 도움을 받을 수 있을뿐더러, 더 많은 문화들이 이해되고 공감할 수 있는 접근이 가능해진다. 특히 기초단어들이 그렇다. love는 뭔가 책임이 따르는 무거운 사랑인 반면, 우리말의 '사랑'은 아끼고 사모하는 마음의 표현이기 때문에 love = '사랑'이라는 공식을 적용하면 안 되는 것이다.

또 다른 예로 want는 무슨 의미이고, 비슷해 보이는 need의 의미는 무엇일까? 앞서 설명한 것과 같이 우리는 영어 단어의 의미를 많이 오해하고 있다. 일부의 경우에만 그런 것이 아니라 이처럼 우리가 자주 사용하는 단어들도 그렇다. 이런 단어들의 진정한 뜻에 더 깊이 관심을 가져보기를 적극 추천한다. 어렵게 생각하지 말고 아주 기초적인 단어만 살펴보자. 특히 동사 위주로 보면 된다. 다음 주제가 이와 관련된 부분이다.

단어만 안다고 될까?

우리말은 단어만 알면 의사소통을 할 수 있다. 한국어의 문장 흐름이 그렇게 되어 있기 때문에 우리는 단어를 가장 중요시한다. 그래서 영어를 공부할 때도 단어를 외우는 데 가장 우선순위를 둔다 (사실 단어 외우는 법도 바꿔야 하지만). 이러한 성향 때문에 초보자들이 영어 대화를 시도할 때 단어를 위주로 나열하려는 경향이 있다. 그러나 영어는 단어보다 문장 구조가 더 우선이다. (어느 정도 기초단어를 안다면 말이다)

먼저 예를 보자.

- I love her to study.

위에 문장은 무슨 뜻인가? 의외로 많은 사람들이 정확한 의미를 잘 모른다.

나는 공부하기 위해 그녀를 좋아해
나는 공부하려는 그녀를 좋아해

위와 같이 해석을 하면 틀린 것이다(물론 문장의 문맥 상 위와 같이 쓰일 때도 있을 수는 있다).

위의 문장의 가장 일반적인 의미는,

'나는 그녀가 공부를 하면 좋겠어'라는 의미이다.

어떤 이들은 어리둥절해 할지도 모른다. 저 영어문장에서 어려운 단어가 있는가? 영어를 조금이라도 접했다면 모두 다 아는 단어들, 소위 너무나 기초적인 단어들로 구성되어 있다. 게다가 문장이 길지도 않다. 그런데도 의미를 모르는 것이다.

왜 그럴까?

우리가 여기서 모르는 단어는 바로 'love'이다. 앞서 언급한 love가 이렇게 어려운 단어였다니..

그렇다. 사실 우리가 쉽게 생각하던 기초단어들을 만만히 봐서는 안 된다. 오히려 기초단어들이 가지고 있는 의미가 많고 문장구조도 복잡하게 쓰이기 때문에 더 어려운 단어들이다. 이 단어들에 더 집중을 해야 한다.

give, take, get, have, make, like, love 등의 단어들이다.

위와 같은 단어들이 문장의 동사로 사용되면 영어의 문장구조는 복잡해진다. (반면에 어려운 단어들은 문장구조가 단순하다) 그 문장구조를 만들어낼 수 없다면 위와 같은 기초단어들을 모른다고 생각해야 한다. 저 단어들을 사용해서 문장을 만들어 낼 수 없기 때문이다. 특히 영어에서는 문장구조가 중요하기 때문에 더욱 그렇다.

하지만, 전혀 실망하거나 좌절할 필요가 없다. 정해진 문장구조가 존재한다는 사실이 영어를 다루는데 우리를 힘들게 만들기도 하지만, 거꾸로 문장구조를 안다면 영어문장은 매우 뻔해진다. 그만큼 쉬워진다는 의미이다.

단어를 제대로 알면
어떤 변화가 생길까?

우리가 많이 쓰는 get이라는 단어를 살펴보자. get이 무슨 뜻일까? 이 질문에 대답을 못할 사람은 거의 없다. 그만큼 자주 쓰이는 단어이고 자주 접하니 많은 사람들이 이 단어를 아는 것으로 생각한다. 하지만 get의 뜻을 제대로 아는 사람은 매우 드물다. (앞서 얘기했듯이 기초를 모르는 채로 고급 통계를 하는 사람처럼)

가장 많이 듣는 get에 대한 대답은 '~을 얻다'일 것이다. 이보다 영어를 좀 한다는 사람들은 조금 더 진보한 대답을 할 것이다.

"get은 뜻이 너무 많아"

아무튼 위와 같이 대답을 한다면 모두 틀린 대답이라고 말하고 싶다.

get은 '~을 얻다'도 아니고 뜻이 많은 것도 아니다. 뜻이 많은 것처럼 보이지만 아래의 그림과 같이 <u>get의 고유 의미는 하나다.</u>

　　get의 고유의 의미가 정확히 무엇인지 설명해 보겠다. 어렵지 않
다. 아래의 그림을 보자

　　컵에 손이 닿으러 간다고 상상해 보자. 컵에 접근하다가 컵에 '닿
은 순간'이 있을 것이다. 그때 그 순간을 표현하는 것이 get이다. 여기
서 명확히 해둬야 할 것은, 컵에 손이 닿는 과정에 해당되는 말이 아니
라 닿았을 때의 그 순간을 표현한다는 것이다.

　그런데 닿은 순간만을 표현하는 게 아니라, 닿음으로써 발생되는 모든 상황을 다 설명할 수 있는 것이 get이다. 그래서 뜻이 많은 것처럼 보이는 것이다.

　컵에 닿았으니, '도착하다', '만지다', '선택하다' 등에 모두 쓸 수 있으며, 컵에 손에 닿음으로써 컵이 넘어질 수도 있다. 그러니 컵의 상태가 변한 모든 상황도 get 을 쓸 수 있다.

　'컵의 상태를 변하게 하다'도 될 수 있으며, 컵을 아예 손에 쥔 것도 get이 될 수 있다. 우리가 자주 쓰는 의미가 여기서 나오는 것이다.

　'얻다', '가지다', '사다', '취하다' 등에 모두 쓰인다. 많지는 않지만 컵을 아예 깨뜨린 상황도 쓸 수 있다.

　영화에서 보면 싸움에서 이기고 "I got him"이라고 말하는 것을 들었을 것이다.

　즉 get은 살짝 닿은 순간을 표현할 수

도 있고, 대상의 상태를 완전히 변하게 한 것까지 모두 포함하기 때문에 이렇게 뜻이 많은 것처럼 보이지만 아래와 같이 get의 본질적인 의미는 하나이다.

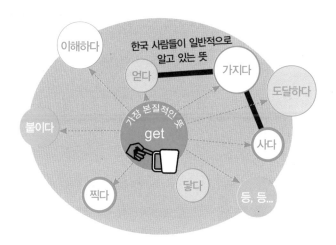

그러니 '얻다'의 개념으로만 생각하면 get의 일부 상황만 받아들이는 것이다. 이를 아래와 같이 다른 개념도로 설명해 볼 수 있다.

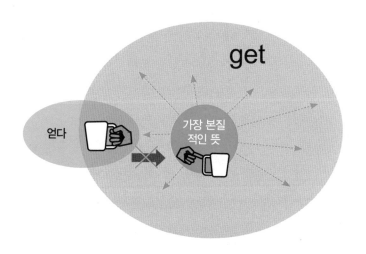

get의 활용 범위는 위와 같이 크지만 우리말 '얻다'의 활용은 그만큼 크지 않으며 공통되는 부분이 있을 뿐이지 같은 의미가 아니다. get을 이해하려면 위와 같은 그림으로 개념을 다시 잡아야 할 것이다.

사람은 기본적으로 복잡한 것을 싫어한다. 왜냐면 복잡한 것은 바로 이해할 수 없기 때문이다. 그래서 모든 것을 간단하게 만들고 싶어 한다. 간단하게 정의를 내려야 쉽게 받아들일 수 있다. 사실 이런 과정이 사회과학에서 수행하는 연구의 기본적인 틀이다.

이야기가 복잡하면 우리는 이렇게 얘기한다.

"한마디로 그게 뭐야?"

이 대답을 찾고 싶어 한다. 그래서 간단히 줄여서 요약하여 말하면,

"아! 그거였어?"

이렇게 말하며 속 시원해 할 것이다. 이때가 어떤 현상의 요약이나 결론에 도달한 것이다. 이러한 과정을 조금 어려운 말로 '귀납적 사고'라고 표현할 수 있다. 이 과정을 get의 뜻에 대입하면 아래와 같이 표현할 수 있다.

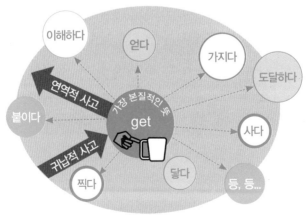

귀납적 사고, 즉 최종 결과에 도달하면 많은 혜택이 생긴다. 복잡한 상황을 한마디로 정의 내릴 수 있게 되며, 그 정의를 토대로 다시 여러 세밀한 상황들을 설명할 수 있게 된다. 즉, get에 본질적인 뜻을 알게 되면 웬만한 get의 의미는 다 받아들일 수 있게 되는 것이다. 그래서 get의 본질적인 뜻에 도달하는 것이 대단히 중요하다는 것이다.

본질적인 뜻을 알고 이를 바탕으로 세밀한 사항으로 확대해서 사용할 수 있는 것을 '연역적 사고'라고 표현한다. 다른 영어 단어들도 모두 마찬가지이다. 여러분은 get의 본질적인 의미를 알았기 때문에 이제 get이 어렵게 느껴지지 않을 것이다. 이 도달 과정은 어려워 보일 수는 있다. 하지만 그렇게 해서 알게 된 get의 의미는 정작 어렵지 않다. 여기서 우리는 이런 의문을 가질 수 있다.

"이 쉬운 get의 본질적인 의미에 그동안 우리는 왜 도달하지 못했을까?"

다시 말해, 우리는 '귀납적 사고'를 하려는 우리의 자연스러운 본능을 get을 이해하는데 왜 발휘하지 않았을까? 무엇이 우리의 본능조차 방해한 걸까?

바로 '우리말'이다.

get의 의미는 쉽다. 하지만 이 의미를 정확히 표현할 수 있는 우리말 단어가 존재할까? 없다. 즉 쉬운 개념이지만 우리말로 설명이 안 되기 때문에 우리가 get의 본질적인 의미 파악에 도달하지 못한 것이다.

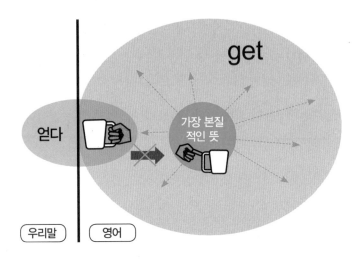

즉 우리말이 영어를 이해하는 데 방해한다는 의미이다. get의 원래의 뜻은 우리의 생각의 틀 혹은 우리 언어의 틀 안에 있지 않고 바깥에 존재한다는 것이다. get의 뜻을 이해하려면 우리의 생각의 틀(언어의 틀)을 벗어나야 한다. 이런 식으로 계속 영어를 받아들이게 되면 점점 우리말의 틀을 쉽게 벗어날 수 있게 되고, 생각이 더 넓어질 수 있다는 것을 알 수 있을 것이다.

우리에게 익숙한 생각의 틀에서 벗어나기는 힘들지만, 일단 벗어나면 영어는 쉬워진다. get의 의미를 정확히 파악함으로써 얻는 많은 이점이 있었다. 그런데 놀라운 것은 그 이점은 여기서 끝나지 않는다는 것이다. 더 큰 이점이 있다.

단어만 알면
숙어와 문법이 저절로 해결된다

단어의 본질을 알게 되면 많은 혜택이 생기게 되는데, 그 단어가 get과 같은 '동사'라면 그 혜택은 훨씬 더 많아진다. 웬만한 숙어와 문법도 쉽게 이해된다. 예를 들어 보자.

'get off'가 무슨 뜻인가?

사전을 찾으면, '옷을 벗다', '차에서 내리다', '비행기가 이륙하다', '여행을 떠나다' 등의 수많은 뜻이 담긴 숙어로 나온다. 영어를 제대로 하려면 이런 걸 다 외워야 할까? 우선 'get off'를 우리말로 바꾼 말들은 서로 간에 연관성이 없어 보인다. 하지만 이 역시 영어식 사고로 받아들이면 본질적으로는 하나의 개념이라는 것을 알 수 있다.

off의 의미를 많은 사람들이 '끄다'의 의미로 알고 있다. 하지만 아니다. off는 '떨어지다'의 개념이다. away와 비교하면 명확해진다. 둘 다 '떨어지다'라는 의미이지만, away는 '멀어지는' 개념이고 off는 '붙어 있던 것이 떨어지는' 개념이다.

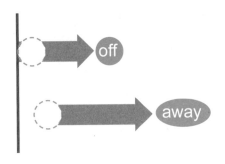

　그러면 get off는 뭔가 닿아 있던 것이 떨어질 때 모두 표현할 수 있는 숙어인 것이다. 차에서 내리는 것도 떨어지는 것이고, 옷을 벗는 것도 마찬가지이다. 비행기가 이륙하는 것은 땅에 붙어 있다 떨어지는 것이고, 집에만 붙어 있던 사람이 여행을 떠나면서도 'I will get off'라고 말할 수 있는 것이다.

　'get off'를 따로따로 외우지 않아도 사용하는 상황만 조금 익숙해지면 자연스럽게 쓸 수 있는 표현이 된다. 누군가 나에게 손을 대고 있다고 상상해보자. "나한테서 손을 좀 떼라"라고 영어로 말하고 싶다면?

　'Get off (from me)'라고 써도 될까? 그렇다는 것을 자연스럽게 알 수 있을 것이다.(연역적 사고)

　많은 숙어들을 이런 개념으로 받아들이면 훨씬 쉬워지고 명확해진다.

이번엔 문법을 보자.

앞서, 'have to'를 설명하면서 have의 영어식 의미를 간단하게 설명한 바 있다. 즉 have는 '내 손안에 있다'는 느낌의 단어이기 때문에 아래와 같이 쓸 수 있다.

▪ I had her drive.

'나는 그녀를 운전하게 만들었어'라는 의미이다. have가 내 손안에 혹은 내 통제 안에 있다는 개념이기 때문에 이 여성은 운전을 <u>실제로 했다</u>는 느낌이다.

실제로 운전을 하는 느낌을 살리기 위해 동사 모양인 drive를 직접 썼다. 하지만 실제 동사는 아니다. 그래서 우리말로 '원형부정사'라는 문법용어를 쓴다. (하지만 이런 문법 용어는 중요하지 않다)

'나는 그녀를 (실제로) 운전하게 했어'라는 의미인 것이다.

그러면 여기서 앞서 살펴본, get과 비교해보자. 그 의미가 명확해질 것이다.

- I got him to drive.

get은 have 만큼 통제력이 강하지 않다. 물론 상태를 완전히 변하게 했을 때도 쓸 수 있지만 단순히 닿기만 했을 때도 쓸 수 있기 때문이다. 즉 그만큼 뜻의 범위가 넓다. 따라서 운전을 실제로 했다는 느낌보다는 운전을 하도록 유도한 느낌을 주기 위해 'to drive'를 썼다. '운전하게'라는 방향성만(to~) 제시한 것이다.

'나는 그를 운전하도록 했어'라는 의미이지만 have 만큼 결과가 확실하지 못하기 때문에 '그가 실제로 운전을 했을 때'와 '운전을 시켰지만 운전에 성공하지 못했을 때'도 모두 쓸 수 있다. 만약, 그가 현재 운전을 실제로 하고 있는 상황을 묘사하고 싶으면 '~ing'를 쓰면 된다.

- I got him driving.

'난 그를 운전하게 했어 (어 진짜로 하네?)' 이다.

이러한 문법적인 문제도 get과 have의 본질적인 의미만 알면 의외로 쉽게 해결된다. 일일이 외울 수도 없고 외워서도 안 되는 표현들이다.

게다가 영어의 디테일도 살릴 수 있다.

- I had him drive.
- I got him to drive.

두 문장을 우리말로 바꾸면 모두 '난 그를 운전하게 했어'이다. 똑같은 우리말 표현이지만 두 의미는 영어에서는 다르다는 것을 이제 알 것이나.

한국에서는 이 내용을 가르칠 때, 아래와 같이 외우게 한다.

'get은 to부정사나 ~ing를 쓰고, have는 사역동사이니 원형부정사를 써야 한다'

얼마나 의미 없는 일인가? 이를 벗어나면, 이제 영어가 쉽고 재미있어진다.

동사가
제일 중요하다고?

    이제 영어에서 동사가 얼마나 중요한지 충분히 느꼈을 것이다. 실제로 많은 영어 선생님들이 영어를 공부할 때 동사가 가장 중요하다고 이야기한다. 그 이유를 조금 더 설명한다면 일단 영어문장에서 동사가 없는 경우는 없다.

    없는 것처럼 보이는 문장들도 생략된 것이지 실제로는 모두 있다.

    예를 들어 'nice to meet you'는 '(It is) nice to meet'이고 심지어 주어와 동사가 필요 없이 '영주다'라고 말할 때마저 아무 의미 없는 주어와 동사인, 'there is'를 넣어, 'There is Young-Ju'라고 애기한다.

    즉 모든 영어 문장에서 동사는 필수라는 의미이다.

    우리말도 그렇다. 동사는 반드시 존재한다. 하지만 그 존재감은 영어와 다르다. 우리말에서는 동사는 문장의 맨 끝에 온다. 즉 우리말에서 동사는 모든 행위의 결과처럼 문장의 끝맺음 역할을 하는 것이다.

    하지만 영어는 그렇지 않다. 동사가 문장의 시작이다. 심지어 동사에 따라 문장의 구조가 결정되기 때문에 그 중요성이 훨씬 크다. 게다가 문장이 아주 길어도 실제 동사는 하나가 있고 이를 도와주는 조동사가 하나씩 있다(이럴 경우 실제로는 조동사가 문장의 성격을 대표하기도 한다).

아무리 문장이 길어도 문장을 대표하는 것은 동사나 조동사이다.

- Tom who my boss trusts the most did something wrong with his work which was very important for the company to serve its clients.

여기서도 자세히 뜻을 알 필요는 없다. 우선은 그냥 '긴 문장이구나'라고 생각하면 된다. 의미는 '우리 사장이 가장 신뢰하는 톰이 업무에서 실수를 했어. 그 실수는 회사에서 고객들에게 서비스를 하는 데 있어서 아주 중요한 일이었어'이다.

위의 영어 문장은 무척 길다. 그런데 결국 저 문장에 동의하는 문장은 아주 간단히 아래와 같이 한다.

- Yes~ he <u>did</u>. 맞아 그(톰)가 그랬지.

저 긴 문장을 전체를 **did** 하나로 대표할 수 있는 것이다. 문장이 아무리 길어도 동사가 그 문장을 대표하는 것이고 만약 조동사가 있다면 그 조동사가 문장의 성격을 결정하는 역할을 한다.

이렇듯 영어 문장을 구성하는 데 있어서 동사가 가장 중하다는 것은 확실하다. 그런데, 정작 영어 원어민들도 그렇게 말할까? 동사가 문장에서 제일 중요하다고? 아니라고 말하는 경우도 많다. 그 이유는 뭘까? 그 이유는 생각보다 단순하다.

그들에게 동사의 존재는 너무나 **당연하기 때문이다.** 아예 말을 배우기 시작할 때부터 동사를 중심으로 문장을 만들다 보니, 그들에게는 아주 자연스러운 감각이 되어 버린 것이다. 그러나 우리말의 중심은 동사가 아니다. 그러니 우리는 영어를 접할 때 동사를 중심으로 문장을 구성하는 방식에 억지로 익숙해져야 한다.

영어 문장을 만드는 과정은 차근차근 순서에 맞게 단어를 나열하는 것이기 때문에 마치 한걸음 한걸음 걷는 것과 비슷한 느낌이다(하지만 우리말은 그렇지 않다. 단어를 뒤죽박죽 섞어도 의미가 통하기 때문이다). 걸을 때 가장 중요한 요인은 무엇일까?

걸을 수 있게 하는 튼튼한 다리? 오래 걸을 수 있는 체력? 걷는 속도? 사실 우리가 걸을 수 있는 것은 땅이 있기 때문이다. 보통 우리가 걸으면서 의식적으로 땅을 인지하지 않는다. 무의식적으로 인식한다. 땅이 꺼진 곳이 있으면 자연스럽게 피하고, 땅이 솟아난 곳이 있으면 딛는 다리의 각도를 자연스럽게 조절한다. 이 모든 과정이 감각적으로 이루어진다.

동사는 영어에서 이런 땅의 역할을 한다. 우리가 걸을 때 땅을 무의식적으로 인식하듯이 동사를 인식하는 것도 거의 무의식적으로 인식해야 한다(그리고 그렇게 연습해야 한다).

성별을 쉽게 구별하듯이
동사도 구별해야 한다

영어에서 동사의 종류는 단 2가지만 있다는 것을 알아야 한다. 그러면 영어공부를 할 때 큰 도움을 얻게 된다. 문장 하나는 동사 하나로 만들어진다. 그리고 이 동사를 두 종류로 나누어 생각하면 된다.

일단, 하나의 문장에서 동사는 무조건 하나인 것을 다시 상기하자. (조동사도 마찬가지로 하나만 쓸 수 있다) 두 개를 동시에 쓸 수 없다. 즉 be동사 문장이면 그 문장에는 동사로써 일반동사를 쓸 수 없고, 일반동사가 문장에서 동사로 쓰이면 그 문장에는 동사로써는 be동사를 쓸 수 없다.

The guy who teaches me English helps youths who are in trouble in terms of financial situation make their lives happy. (나에게 영어를 가르치는 저 사람은 재정적으로 어려움에 처한 젊은이들이 그들의 인생을 행복하게 만드는 것을 도와준다) 의도적으로 문장을 길게 늘린 것이다. 이 문장도 여기서 정확히 해석할 필요는 없다. 단어만 훑고 지나가자.

The guy who <u>teaches</u> me English <u>helps</u> youths who <u>are</u> in trouble in terms of financial situation <u>make</u> their lives happy.

위의 문장에서 동사처럼 생긴 단어들은 밑줄 친 4개이다. 이 4개의 단어들이 진짜 동사인지 아닌지 하나씩 살펴보자.

The guy who <u>teaches</u> me English <u>helps</u> youths who <u>are</u> in trouble in terms of financial situation <u>make</u> their lives happy.

teaches는 동사가 아니라 The guy를 설명하는 구문에 들어간 단어이다.

'The guy who teaches me English = 나에게 영어를 가르치는 그분'을 완성하기 위해 쓰인 것이지 이 문장의 동사는 아니다.

The guy who <u>teaches</u> me English <u>helps</u> youths who <u>are</u> in trouble in terms of financial situation <u>make</u> their lives happy.

are도 역시 'youths who are in trouble in terms of financial situation = 경제적인 어려움에 빠져있는 젊은이들'이라는 구문에 들어간 것이지, 문장 전체의 동사는 아니다.

The guy who <u>teaches</u> me English <u>helps</u> youths who <u>are</u> in trouble in terms of financial situation <u>make</u> their lives happy.

결국 이 문장의 동사는 help이다. 그런데 help는 아래와 같은 문장 구조를 가진다.

helps <u>youths</u> **make their lives happy**
 ①   ②

위에서 make는 '① 젊은이들에게 ② 그들의 인생을 행복하게 만드는데 도움을 준다'라는 이 문장의 동사인 help의 뜻을 완성하기 위해 사용된 것이지 실제 동사는 아니다. 모양만 동사 모양이다(앞서 설명했듯이 원형부정사라고 부르지만 이 용어는 몰라도 된다).

아무튼 이 문장의 동사는 단 하나, hlep이다.

The guy who <u>teaches</u> me English **helps** youths who <u>are</u> in trouble in terms of financial situation <u>make</u> their lives happy.

그래서 위의 문장을 받아치는 대답을 해 보면 아래와 같이 말할 수 있다.

Yes, he does. 맞아, 그 사람 그래(도와주고 있지) 이다.

helps를 반복하지 않고 does라고 말한 것이다. 즉 does (hleps)로 문장 전체를 대표하는 것이다. 즉 위의 긴 문장을 보고 나서 바로 does라는 동사(혹은 조동사)를 즉시 끄집어 내야 한다. 원어민들은 문장이 아무리 길어도 하나의 동사를 이렇게 정확히 인식한다. 길을 걸을 때 땅을 무의식적으로 인식하듯이 말이다. 우리도 이에 대한 감각을 연습해서 즉시 반응할 수 있어야 한다.

동사는 오직 두 종류만 존재한다고 했다. 먼저 이를 구분해 낼 수 있어야 한다. 영어에서의 두 가지 동사는 be동사와 be동사가 아닌 것(일반동사)으로 나누어 생각하면 된다. 우리가 보통 사람을 상대할 때 그 사람의 성별을 분간한다. 남자인지 여자인지 인식하는데 필요한 시간은? 정말 순간일 것이다. 이것을 인식하는 것이 아무것도 아닌 것처럼 보이지만, 영어에서 이는 무척 중요하다. 만약 사람을 상대할 때 성별을 바로 분리해 내지 못한다면 문제가 발생할 수도 있다.

상대방이 남자이냐 여자이냐에 따라 많은 행동들이 달라진다. 인사법이나 화장실을 안내할 때도 달라야 하는 등 성별을 알아야 상대방에게 제대로 행동할 수 있다. 남녀를 차별하는 것이 아닌, 구별해서 상대해야 한다.

영어의 동사도 마찬가지이다. 우리가 사람을 보자마자 성별을 구별해 내듯이, 영어문장을 보자마자 동사의 종류를 구별해 내야 영어문장을 제대로 활용할 수 있다. 우선 다음 문장을 보자.

① Korean people speak their language.
한국 사람들은 한국어로 말한다

② The language is used only in Korea.
그 언어는 오직 한국에서만 사용된다

위의 문장들을 해석하기 앞서, 우리가 성별을 무의식적으로 구별하듯이 동사의 종류를 바로 알아차려야 한다.

① Korean people **speak** their language. → 일반동사 문장

② The language **is** used only in Korea. → be동사 문장

그 이유는 아래와 같다.

첫째, 일반동사와 be동사의 의미가 완전히 다르다. 우선 be동사에는 아무런 뜻이 없다. 영어에서는 동사가 없으면 문장 구성이 안되기 때문에 동사가 필요 없는 문장에서는 무조건 be동사를 사용한다. 즉 문장을 존재시키는 동사이다. (그래서 be동사는 서양의 '존재론'과 관련이 깊다)

handsome Jehoon은 '잘생긴 제훈'이라는 단어이다.

그런데 이를 영어식 어순으로 표현하고 싶다면, 영어는 대상(명사인 Jehoon)을 먼저 쓰고 그 뒤에 그 대상에 대한 설명('잘생긴'이라는 handsome)을 붙이는 것이 영어의 실질적인 어순이다.

Jehoon handsome이 영어식 어순이다. 이렇게만 말해도 '제훈이 잘생겼어'라고 이해는 할 수 있다. 그런데 동사가 없이는 문장이 완

성이 안되기 때문에 be동사를 넣어,

Jehoon **is** handsome이라고 말하는 것이다. 즉 <u>be동사는 아무런 뜻도 없다.</u>

하지만 일반동사는 전부 의미를 가지고 있다. 이것이 be동사와 일반동사의 가장 큰 차이이다.

둘째, 사용되는 조동사가 다르고 이에 따라 부정문이나 의문문의 형태가 완전히 다르기 때문이다.

먼저 일반동사의 문장을 보자(완전히 기초이지만 모르는 사람이 은근히 있다).

▪ Korean people speak their language.

여기에는 조동사 'do'가 숨어 있다.

Korean people **do** speak their language.

부정문은 대부분 조동사 바로 뒤에 not을 붙여서 만들기 때문에

Korean people **do <u>not</u>** speak their language.

혹은 Korean people **<u>don't</u>** speak their language라고 쓴다.

의문문은 조동사를 맨 앞으로 보낸다.

<u>**Do**</u> Korean people speak their language?라고 한다.

즉 일반동사는 'do'나 'does' 혹은 'did'등의 숨어 있는 조동사를 꺼내서 활용한다.

하지만 be동사는 다르다.

- The language **is** used only in Korea.

be 동사가 직접 조동사 역할을 한다.

그래서 부정문도 be동사 바로 뒤에 not을 붙인다.

The language **is <u>not</u>** used only in Korea. 혹은

The language **isn't** used only in Korea라고 쓰고,

의문문도 **Is** The language used only in Korea?라고 쓴다.

셋째로, 일반동사와 be동사 뒤에 따라오는 말이 완전히 다르다.

일반동사 뒤에는 주로 명사(아닌 경우도 있지만 사례가 많지 않다)가 따라오고, be 동사 뒤에는 명사뿐 아니라 형용사나 ing, p.p. 등 다양하게 올 수 있다. 이러한 것으로 동사 뒤를 미리 예측하면 큰 도움이 된다. 그 예를 보자.

아래의 두 문장의 의미 차이를 아는가? 지금 몰라도 상관없다. 한 번 살펴보자.

① I used to work here.

② I'm used to working here.

위의 위의 두 문장을 누군가 빠르게 읽거나 소리를 낸다면 두 문장을 구분하는 것이 쉽지 않을 것이다(실제로 해 보라).

하지만 두 문장의 의미는 아래와 같이 완전히 다르다.

- I used to work here.
  나 여기서 일할 때가 있었어 (지금은 여기서 일 안 해)

- I'm used to working here.
  나 여기서 일하는 거 지금은 익숙해 (지금도 일해)

이 두 문장이 완전히 다르다는 것을 빠르게 인식하는 방법은 성별을 구별하듯이 바로 동사의 종류를 알아차리는 것이다.

① **I used** to work here. (무의식적으로) 엇! 일반동사 문장이네~~

② **I'm** <u>used</u> to working here.
(무의식적으로) 이건 be동사 문장이네~~

위와 같이 인식하면 위의 두 문장은 헷갈릴 것이 없이 완전히 다르게 느껴질 것이다. 예를 들어 'used'는 동사의 과거형태 모양도 되지만 p.p(사용된)의 모양일 수도 있다. ②문장의 밑줄 친 used는 앞에 이미 be동사인 'am'이 있기 때문에 문장의 동사는 하나임을 알고 있다면 used는 절대로 동사가 아니라는 사실을 감각적으로 인지하게 된다.

일반동사 문장과 be동사 문장을 빨리 인식하게 되면 이러한 점도 아주 쉽게 구분이 된다.

제3의 성과 같은 have p.p.

앞서 설명한 것처럼 일반동사와 be동사를 즉시 구분하는 것이 중요하다. 그런데 영어에 한 가지 더 특이한 형태가 있다. 바로 have p.p. 이다. 글의 종류마다 다르지만 전체 문장의 삼분의 일 가량은 have p.p. 문장이 사용된다고 볼 정도로 많이 쓰는 문장이다. 그 정도로 빈도수가 높은데도 불구하고 have p.p.를 어려워하는 사람이 꽤나 많다. 또 하나의 기초를 놓치고 있는 셈이다.

우리가 have p.p.를 제대로 못 쓰는 이유도 간단하다. <u>have p.p.는 우리말에 없는 개념</u>이기 때문이다. 앞 부분에서 'have to~'를 이해하기 위해 'have'와 'to 동사'를 분리해서 받아들인 것처럼 have p.p.도 have와 p.p.를 분리해서 생각하면 쉬워진다. have는 앞에서 설명한 대로 (내 손안에 있다)이며, p.p.를 간단히 설명하면 past participle, 즉 '과거완료'라는 뜻인데, 문법 용어 자체보다는 그 의미만 알면 된다.

p.p. = '끝난 것' 혹은 '된 것'

예를 들어 done = '(일이) 끝난', studied = '공부가 된', driven = '운전이 된' 등이다.

즉 have p.p.는 끝난 일 혹은 된 일을 (지금) 가지고 있다는 의미이다.

have + p.p. 끝난 것, 혹은 된 것을 (지금) 가지고 있는 상태다.

즉 have p.p.는 과거가 아니라고 생각하면 쉬워진다.

예를 들어 생각해 보자.

너 '미션 임파서블' 영화 봤니?'라는 질문을 가정해 보자.

우리말로 생각하면 이 말은 무조건 과거이다. 과거의 일을 물어본 것이기 때문이다. 하지만 영어에서는 이 질문은 두 가지 경우로 나누어진다.

(1) 진짜 과거

예를 들어 너 '미션 임파서블' 영화 봤니?'에 '어제 데이트할 때', '지난 토요일 날' 혹은 '그 친구 만났을 때' 등 정말로 일어난 일을 물어보는 경우이다. 이럴 때는 영어로 아래와 같이 쓴다.

- Did you watch the movie, Mission Impossible?

(2) 과거가 아닌 경우 (현재의 상태)

우리말도 곰곰이 생각해 보면, '너 그 영화 봤니?'라는 말은 과거를 묻는 질문이 아닐 때가 많다. 이 질문은 그 영화를 한달 전에 봤던,

어제 봤던, 혹은 방금 전에 봤던 전혀 상관없다. 그냥 영화를 본 경험을 지금 가지고 있냐는 뜻으로 물어본 것이다. 좀 특수한 형태이긴 하지만, 과거가 아니라 현재의 상태를 묻는 것이다. 이것이 have p.p.인 것이다.

- Have you watched the movie, Mission Impossible?

우리말의 개념으로는 이렇게 과거의 일이 두 가지 경우로 분리가 되지 않기 때문에 우리에게는 have p.p.가 어려웠던 것이다. 차라리 have p.p.를 현재의 느낌으로 받아들이면 의외로 쉬워진다. 실제로 우리가 쓰는 과거 표현 중 정말로 과거의 일을 얘기하는 것보다도 어쩌면 이렇게 have p.p.의 개념으로 물어볼 때가 많다.

- Have you cleaned your room? 너 방 청소 했니?
- Have you done your homework? 숙제했니?
- Have you ever been to North Korea? 북한에 가 봤니?

그런데 have p.p.를 어렵게 만드는 또 하나의 이유는 특이한 형태 때문이다. 일반동사(have p.p.)도, be동사(have been)도 아닌 형태이기 때문이다(그래서 제3의 성과 같다고 표현한 것이다). 간단히 설명하면 앞 부분의 have가 조동사 역할을 한다. 그래서,.

I have cleaned my room의 부정문은 조동사 역할을 하는 have에 not을 붙이고,

- I haven't cleaned my room.

의문문 역시 have만 앞으로 보내어 Have I cleaned my room?으로 쓴다.

이 감각을 지속적으로 연습해서 우리의 뇌에 각인시켜야 문장의 의미를 정확히 파악하고 영어를 자유롭게 구사할 수 있게 된다. 다시 말해, 머리로만 아는 것이 아닌 몸이 기억하게 만들어야 한다는 뜻이다.

동사 뒤에
무엇이 따라오는지 관심을..

explain이라는 단어는 대부분 사람들이 알고 있다고 생각하는 단어일 것이다. 우리말로 '설명하다'와 가장 가까운 단어이다. 하지만 여기까지라면 이 단어를 아는 것이 아니다. 뒤에 어떤 단어가 따라오는지, 그 단어가 어떤 역할을 하는지도 알아야 한다.

아래 문장의 뜻은 무엇일까?

- I explained you.

만약 위의 문장을 '너에게 설명했다'라고 생각했다면 틀린 것이다. '너를 혹은 너에 대해서 설명했다'는 의미이다. 즉 explain 뒤에는 설명이 되는 대상이 따라와야 한다는 뜻이다. 이렇게 영어의 동사 뒤에 어떤 단어가 따라와야 하는지 모른다면 문장을 만들 수 없으니, 이 동사를 모르는 것이라고 봐야 한다. 동사의 뜻만 우리말로 해석한다고 해서 이 동사를 아는 것이 아니라는 의미이다.

누구에게 설명했다는 의미를 만들려면, to~를 써야 한다.

I explained you to the friend. 혹은 I explained to the friend (about you).

'그 친구에게 너에 대해 설명했어'라는 의미가 된다.

동사의 뒤에 따라오는 말은 그 문장의 의미를 파악하는 데에만 국한되지 않는다. 여러 상황으로 더 확대가 된다. (뒤에 더 자세히 설명할 것이다) be + p.p. 문장으로 적용했을 때도 마찬가지이다.

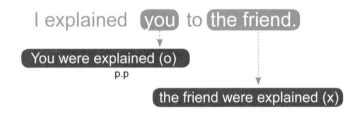

You were explained는 '네가 설명이 되어졌다'는 의미이다. '네가 설명을 들었다'는 의미는 될 수 없다. explain이라는 동사 뒤에 어떤 말이 따라오는지 명확하지 않으면 be+p.p. 문장의 의미도 정확히 파악할 수 없다는 얘기이다. 이렇게 동사 뒤에 무엇이 따라오는지에 관심을 가지게 되면 흔히 우리가 말하는 자동사와 타동사라고 부르는 것이 있는데, 이들의 구분이 쉬워진다. 쉬운 예시를 통해 이해를 시작해 보자. 아래의 두 문장의 차이를 살펴보자.

① I want to work

② I want you to work

간단히 말해, 문장 ① 은 '내가 일하기를 원하는 것'이고, 문장 ②
는 '나는 네가 일하기를 원한다'는 의미이다. 문장 ① 은 원하는 것도
주어인 나(I)이고 원함을 받는 대상도 주어인 나(I)이다. 이를 부호
로 표시하면 아래와 같다.

I want to work.
  ←

그런데 문장 ② 는 원하는 것은 주어이지만, 원함을 받는 대상, 즉
일하는 대상은 주어가 아니라 다른 단어(you)를 적었다. 이를 부호
로 표시하면 위와 반대로 표시할 수 있다. (I want to work에서도 'to
work'가 원함을 받는 대상이라 볼 수 있지만, 여기서는 'you'가 있고
없음을 비교하자)

I want **you** to work.
  →

이 느낌을 가지고 모든 동사를 처리하면 많은 부분이 명쾌해진다.
예를 들어,
I sit the chair는 무슨 의미일까?
'내가 의자에 앉았다'라고 오해할 수 있다. 아니다. 자세히 뜯어 보자.

I sit **the chair**.
  →

내가 앉게 하는 행동을 했는데 그 영향을 받은 것이 주어인 내(I)
가 아니라 그 의자(the chair)라는 뜻이다. 쉽게 말하면, '내가 그 의

자를 앉혔다 (혹은 놓았다)'라는 의미가 된다.

내가 의자에 앉았다고 말하고 싶다면 동사 sit 뒤에 다른 단어를 직접 쓰면 안 된다. 동사의 영향력을 받는 단어가 있기 때문이다. 아래와 같이 써야 한다.

I s<u>it</u> **on** the chair.
  ←

내가 앉는 행동을 했는데 그 영향을 받은 대상이 없으니 동사의 영향을 받은 것도 주어인 나(I)이다. 그래서 '내가 앉았다'라는 의미가 되는 것이다. 이 부분이 어렵다 생각되어도 반드시 짚고 넘어가자. 영어에서는 아주 중요하다.

때로는 우리말로 자동사이냐 타동사이냐에 따라 뜻이 바뀐다고 하는 단어들도 있다. 하지만 그렇지 않다. 동사의 영향력을 누가 받냐에 따라 우리말로 해석했을 때 의미가 바뀌는 것이지, 영어의 뜻이 바뀌는 것이 아니다.

예를 들어, stay와 같은 단어이다. 우리말로 stay는 '머물다'이지만, 타동사로 쓰면 '막다'의 의미가 된다고 한다. 우리말들인 '머물다'와 '막다'는 뜻이 완전히 다르지만, 영어로 받아들이면 그렇지 않다. 위에서 따져본 것과 같이 생각하면 된다. (화살표 방향을 잘 보자)

I s<u>tay</u> in Seoul.
  ←

동사 stay 뒤에 따라오는 말이 없다(전치사 in은 별개이다). 즉 동사 stay의 영향을 받는 것이 없다는 의미이다. 주어인 내(I)가 (서울에) 머문다는 뜻이다. 하지만 아래의 문장은 조금 다르다.

I <u>stay</u> **you**
$\rightarrow$

동사 stay 뒤에 따라오는 말이 있다. 바로 너(you)이다 주어인 내(I)가 stay(머물다) 하게 만드는데 그 영향을 받는 대상이 너(you)라는 의미로, '내가 너를 머물게 한다'의 뜻이다. 내가 너를 머물게 하는 의미가 되니, 너를 (못 움직이게) '막는다'라고 표현할 때도 쓸 수 있는 것이다.

She <u>stays</u>
$\leftarrow$ 머물다

She <u>stays</u> the dog.
$\rightarrow$ 머물게 하다 (막다 등의 의미로 확대해서 쓸 수 있음)

이러한 감각이 익숙해지면 더 많은 장점이 생긴다. 종종 우리는 영어에서 잘 쓰지 않는 표현을 어려워하는 경향이 있다. 말 그대로 사용빈도가 적으니 익숙하지 않기 때문이다. 하지만 앞의 방식으로 동사의 활용을 이해하면 잘 쓰지 않는 표현일지라도 쉽게 받아들일 수 있다. 예를 들어 아래와 같은 표현이다.

The room sleeps four. 혹은 The room can sleep four. 같은 경우이다. 무슨 의미일까?

그 방(the room)이 잔다(sleep)는 의미가 아니다.

The room sleeps four.
→

'그 방은 4명을 재운다' 혹은 '재울 수 있다'의 뜻으로 받아들이면 된다. 그리고 아래와 같이 동사 sleep 뒤에 따라오는 말이 없으면 '잔 다'의 의미로 생각하면 된다.

I must sleep in my room.
←

참고로 I slept here는 '내가 여기를 재웠다'가 아니다. here라 는 단어는 좀 특수하다. here에는 이미 'in'의 의미가 들어 있기 때문 에 here는 동사 뒤에 따라오는 말에 들어가지 않기 때문이다.

I slept here.
← (here는 in의 의미가 들어있기 때문에 동사 뒤에 따라오는
    말로 처리하지 않는다)

'내가 여기서 잤다'의 의미가 된다. 이런 개념이 명확해지면 문법 적으로 어려워 보이는 문장들도 쉽게 풀어낼 수 있게 된다. 자, 이제 조금만 집중해서 보면, 몇 년 동안 공부를 했어도 이해되지 않았던 부 분이 단 몇 분 만에 이해될 수 있다.

예를 들어 보자. 이제 아래의 두 문장의 차이를 명확히 느낄 수 있을 것이다.

① I can sit on the table.
←
난 테이블에 앉을 수 있어 (주어인 내가 앉는 것이다)

② I can sit **the table**.
→

난 테이블을 앉힐 수 있어 (놓을 수 있어)

문장②는 '테이블이 앉혀지는 것'이다. 한국어로 바꾸니 '앉혀진다'라는 표현이 어울리지 않고 '놓여진다', 혹은 '자리 잡는다'의 의미가 되는 것이다. 그래서

① the table which I sit **on** 은 '내가 앉은 테이블'이 되는 것이고,

② the table which I sit 은 '내가 (가져다) 놓은 테이블'이 되는 것이다.

위의 문구들은 아래와 같이 문장에 삽입시킬 수 있다.

① I like the table which I sit **on**.

'나는 내가 앉은 테이블을 좋아해'

② I like the table which I sit.

'나는 내가 (가져다) 놓은 테이블을 좋아해'

위의 두 문장은 on이 있냐 없냐에 따라 의미가 완전히 달라지는 것이다.

특히 문구 ①은 on의 자리를 이동시켜 아래와 같이 쓰는 것이 더 일반적이다.

- I like the table **on which** I sit.

'on which'와 같은 표현은 어떻게 처리해야 할지 잘 몰라서 많은 사람들이 어려워하는 부분이다. 어려운 문법 문제처럼 생각하지만, 여기서는 정확하게 이해는 안 될지라도 어렵지 않다는 느낌을 받았을 것이다. 그동안 이러한 표현(on which)이 어려웠던 이유는 관련된 동사(sit)를 제대로 모르거나 활용하지 못했기 때문이다. 왜 동사가 영어에서 중요한지 다시 한번 느낄 수 있게 만드는 예시라고 볼 수 있다.

뜻도 모르고 외워봤자

필자가 영어를 주제로 강연을 나가게 되면 단골 예시로 드는 것이 in의 의미이다. in을 '안에'라는 우리말로 받아들이면 이해하기 어려운 경우가 많다(사실 '안'이라는 뜻도 아니다). 아래의 그림을 통해 in의 개념과 우리말 '안에'라는 개념은 일치하지 않는 것을 알 수 있다.

I am in the room이라고 말하면 '나 방(안)에 있어'라는 의미로 받아들여도 별문제가 없다. 그림의 B 영역에 있는 경우이다.

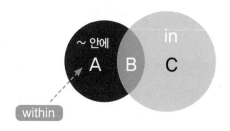

하지만, 우리가 놓치게 되는 A 영역과 C 영역이 있다. 우선 in의 뜻을 정확히 알기 위해서는 아래 그림과 같이 C 영역을 다 받아들여야 한다. 이를 우리말로 외우려 한다면 여러 가지 뜻이 있는 것으로 보일 수밖에 없다. 실제로 사전을 찾으면,

~ 안에,

~ 후에,

~ 정확한 시간에

~ 전체에

~ 완전하게

하지만 이렇게 따로따로 외워야 하는 것이 아니라, 아래 그림과 같이 C 영역의 중심에 해당되는 개념만 받아들이면 된다.

in은 뒤에 따라오는 단어에 대해 미리 역할을 정해주는 단어이다 (그래서 preposition이다). in은 뒤에 따라오는 단어에 범위가 존재한다는 것을 미리 알려주는 전치사로서, 일부가 아닌 전체를 지칭하게 만드는 것이다.

그래서 in two hours는 '2시간 내로'가 아니라 '2시간 후에'라는 의미가 된다. 왜냐면 2시간이라는 범위의 시간을 모두 지칭하기 때문이다. '2시간 후에'라는 표현 역시 우리말의 개념과 조금 다르다. 우리말로 '2시간 후에'라고 표현하면 '2시간 1분 후', '2시간 5분 후'도 여기에 포함되는 등 약간의 유연성이 있다. 하지만 'in two hours'의 영어 그대로의 뜻은 '정확히 두 시간 후'라는 의미이다.

그래서 'in time'은 정확히 그 시간이라는 의미의 '제시간에' 혹은 '제때에'라는 뜻이 되며, 더 '정확히 그 시간에'라고 말하고 싶다면 just in time이라고 하면 되는 것이다.

'on time'도 제시간이지만 'in time'의 제시간과 의미 차이가 있음을 느낄 수 있을 것이다.

'수업은 항상 5시, 제시간에 시작해'라고 할 때는 '제시간에'라는 영어는 'on time'이 어울리며,

'이 책의 대여 기간은 일주일입니다. (시간이 지난 후) 제시간에 반납해 주세요'라고 할 때는 'in time'이 어울리는 것이다. '일주일의 대여 기간 후인 제시간'이기 때문이다. 그래서 때로는 '적당한 시간 (뒤)에'라는 의미도 된다.

그러니 그 범위 '전체'라는 의미로도 사용할 수 있어서 I'm interested in you. '너(너라는 존재 혹은 너에 대한 모든 것)에게 관심 있게 되었어'라고 표현할 수 있다.

너(you)라는 사람 전체(성격, 외모, 능력 등 모두)에 관심이 있다는 의미인 것이다.

I believe in Jesus라는 문장은 예수를 완전하게 믿는다는 의미가 된다. 'believe in~'을 굳이 종교적인 믿음이라고 외울 필요가 없는 것이다.

in의 정확한 감각을 모르고 무작정 외우기만 하는 것보다 정확한 의미를 알면 그 적용이 무척 쉬워진다. 다시 말해, in은 뒤에 따라오는 단어의 '전체를 지칭'한다는 핵심적인 개념을 파악하면서 그 사용을 자연스럽게 확대하면 되는 것이다. 단 in을 한마디로 대치할 수 있는 우리말 단어가 존재하지 않기 때문에 어렵게 느끼는 것일 뿐이다.

I am in the room은 정확히 말하면 '나는 공간이 존재하는 방에 있어'라는 의미이다. 즉 그 방에 공간이 존재하니 왔다 갔다 할 수도 있고, 혹은 그 안에서 뭔가 활동을 할 수 있다는 의미로 말하는 것이다. 따라서 이 경우 우리말 '안에'라고 받아들여도 된다. 그러나 우리말 '안에'라는 의미를 모두 in으로 쓸 수 있는 것도 아니다. 즉, 앞의 그림에서의 A영역도 문제라는 뜻이다.

한편 아래의 그림과 같이 2시간 이내라는 의미로 쓰고 싶으면 in two hours (영어에서는 짧은 숫자는 아라비아 숫자 2로 쓰기보다는 직접 two로 쓰는 경향이 있다)는 어울리지 않는다. 'within'이라는 다른 단어를 써야 한다.

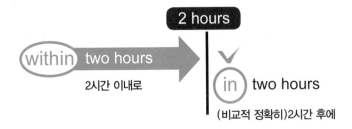

결국 우리말로 이해가 쉽게 되는 B 영역 즉, in을 '~안에'라고 알고 있으면, in을 제대로 활용할 수가 없다. 이렇게 in의 의미를 정확히 파악하면 우리도 영어 표현을 디테일하게 할 수 있게 된다. 아래의 두 문장은 '널 믿어'라는 의미로 비슷해 보이지만,

I believe you 와,

I believe in you의 의미 차이를 명확히 인지할 수 있게 된다.

I believe you는 단순히 너를 믿는다는 가벼운 의미이지만, I believe in you는 너를 다(in) 믿기 때문에, 전적으로 믿는다는 강한 믿음의 표시가 된다.

어떤 이가 나에게 중요한 영향을 미치는 상황이라면 I believe you보다는 "I believe in you"라고 이야기를 하면 더 효과적인 의사 표현이 되는 것이다.

그와 반대로 평상시 거짓말을 종종 하던 친구가 이번에는 진실을 말한 것 같을 때는 I believe you라고 말해야 자연스러운데, 그 상황에서 I believe in you라고 표현한다면 아주 어색한 표현이 되는 것이다.

in의 감각을 정확히 이해하고 어느 정도 적용이 되면 특수한 상황도 쉽게 대처할 수 있다.

다음의 두 사진들과 같이 앉아 있다면 우리는 이렇게 말할 수 있다.

- He sits **on** the chair.

on the chair

　의자에 앉는 것은 모두 on을 쓴다고 여기지만 위와 같이 엉덩이 만 걸쳐 앉은 자세는 on이 잘 어울린다. 그러나 아래와 같이 의자 전 체 범위를 다 사용한 경우 in이 더 그 느낌을 잘 살릴 수 있는 것이다.

- He sits **in** the chair.

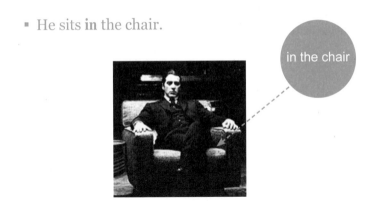

in the chair

　우리가 언어를 사용하는 목적은 단순히 앵무새처럼 따라 하는 것 이 아니라 의미 전달을 위해서이다. 정확할수록 의미하는 바가 명확해 지고 가치는 올라가는 것이다. 이런 '깊이 있는 이해'를 바탕으로 영어 를 받아들이기 시작하면 문학적인 표현도 가능해지고, 오히려 원어민 들보다 더 깊이가 있게 된다. 게다가 이 '깊이 있는 이해'가 영어를 오 히려 쉽고 재미있게 만들어 주니 일거양득인 셈이다.

생각의 순서를
바꾸는 것이 어려울까?

영어 공부를 할 때 듣는 조언 중에 이런 말이 있다.

"영어식 어순으로 생각하라"

맞는 말이지만, 많은 사람들이 이것에 익숙해지는 것을 어려워한다. 하지만 언어(말)는 한 단어를 한 번에 하나씩 순서대로 말하는 2차원적인 구조이기 때문에 간단한 습관으로도 쉽게 받아들일 수 있다.

여기서 그 습관을 직접 만들어 보자. 어렵지 않다. 여기에서 제시하는 순서대로 따라 하다 보면, 이 장의 뒷부분에서 놀라운 경험을 하게 될 것이다. 우리가 어려워하던 영어 표현이 아주 쉽게 이해가 될 것이다. 일단 아래의 영어 표현들을 실제로 한 번씩 소리 내어 읽어 보기를 권한다.

that my mom loves me

what I need

who you met yesterday

John I know

위의 표현들은 문장 형식으로 보이지만 하나의 의미 단위이다. 아래의 문구들을 문장이 아니라 마치 하나의 단어(정확히는 청킹)처럼 인식하는 연습을 해보자. 쉽게 말해 밑줄 친 문구들은 앞의 굵은 글씨체의 단어를 설명하는 문구들이다.

that <u>my mom loves me</u>　　우리 엄마가 나를 사랑한다는 것

what <u>I need</u>　　내가 필요한 무언가

who <u>you met yesterday</u>　　네가 어제 만난 누군가

John <u>I know</u>　　내가 아는 존

위의 표현들을 통째로 하나의 의미 단위로 생각하며 다시 여러 차례 소리 내어 읽어보자. 우리말로 해석하는 것이 필요 없이 익숙해질 때까지 계속 읽어 보자. 여기서 '익숙하다'는 것은 빠르게 읽어도 자연스럽게 읽힐 때까지이다.

위의 표현들을 우리말로 나타내려면 어순을 반대로 바꿔야 한다. 바로 이 점이 영어를 어렵게 만드는 중요한 원인이다(다른 영어 표현들도 대부분 우리말과 어순이 반대이다. 앞서 설명한 동사의 위치도 마찬가지이다).

어순이 바뀐다는 사실만 인지하고 읽기를 반복하면 굳이 우리말로 해석하지 않아도 의미를 파악할 수 있다. 충분히 익숙해지면(실제로 여러 번 소리 내어 읽어보시라) 위의 표현들을 우리말로 생각하지 않아도 받아들일 수 있게 되고, 아래와 같은 표현도 쉽게 사용할 수 있

게 된다.

> I know (that) my mom loves me.
>
> What I need is the dog.
>
> I have seen who you met yesterday.
>
> The teacher is john I know.

앞에서 연습한 하나의 의미 단위를 마치 한 단어처럼 인식하는 연습이 충분히 이루어졌다면 위의 문상들이 아래와 같이 단순하게 느껴질 것이다.

- I know **(that) my mom loves me**.
  난 <u>우리 엄마가 날 사랑한다는 것</u>을 알아

- **What** I need is the dog.
  <u>내가 필요한 무언가</u>는 그 개야

- I have seen **who you met yesterday**.
  난 <u>네가 어제 만난 누군가</u>를 봤어

- The teacher is **John I know**.
  선생님은 <u>내가 아는 존</u>이야

위의 의미 단위들은 다소 긴 것들이다. 아래와 같은 형태는 더 짧기 때문에 더 간단히 연습할 수 있다. 다시 한 번씩 읽어보자.

> people working here
>
> something to eat
>
> the book focused on the story

아래와 같은 의미를 가진 것들이다. 이제 우리말이 필요 없을 때까지 읽어보자

people <u>working here</u>	여기서 일하는 사람들
something <u>to eat</u>	먹을 것 (무언가)
books <u>focused on the story</u>	그 이야기에 초점이 맞춰진 책

이 의미 단위들이 하나의 단어처럼 느껴지면 그대로 문장에 적용하면 된다.

I like people working here. 난 여기서 일하는 사람들이 좋아

I want something to eat. 난 뭔가 먹을 것을 원해

I am looking for books focused on the story.
그 이야기에 초점이 맞춰진 책을 찾고 있어

전치사로도 이런 표현이 가능하다.

books <u>in the room</u>	방에 있는 책들
students <u>on the bus</u>	버스에 올라탄 학생들
the dog <u>behind you</u>	네 뒤에 있는 개

그리고 문장에 삽입하면 된다.

▪ I have read **books in the room**.그 방에 있는 책 읽은 상태야

- **<u>Students</u>** <u>on the bus</u> are all my friends.

  버스에 올라탄 학생들은 다 내 친구야

- Watch out **<u>the dog</u>** <u>behind you</u>. 네 뒤에 있는 개 조심해!

2부의 뒷부분은 초보자들에게 다소 어려운 내용이 될 수도 있다. 이해가 쉽게 되지 않는다면 여러 차례 반복해서 읽거나 시간차를 두고 추후에 천천히 읽어보길 권한다.

앞에서 설명된 의미 단위들과 다른 형태가 하나 더 있다(단 하나가 더 있는 것이다). 앞의 예시들은 ~ing나 전치사구들은 바로 앞에 있는 단어를 설명했다.

- **People** <u>working here</u>

그래서 / people working here / 가 하나의 의미 단위였다.

그렇지 않고 연관이 없다면 문장 전체에 덧붙이는 표현으로 받아들이면 된다.

- I live in Korea / **working for LG**.
  나 한국에서 살아. LG에서 일하면서

- I am here / **to eat something**.
  나 여기 있는 거야. 뭔가 먹으려고

위에 있는 ~ing와 'to~'는 특정 단어(특히 바로 앞에 있는 단어들, Korea 나 here)와 직접적인 관련이 없다. 즉 문장에 단순히 의미가 추가되는 구조인데, 이런 경우 ~ing는 '~하면서'의 의미가 되고, 'to~'는 '~하려고'의 의미로 받아들이면 된다.

- I study English **in the room**.
- I slept **on the bus**.

전치사도 바로 앞 단어(English)를 설명하는 것이 아니고 전체 문장에 추가된 것이다.

이렇게 ~ing나 'to~' 그리고 전치사가 앞 단어와 상관이 없을 때는 아래와 같이 문장에서 위치를 바꿀 수 있게 된다.

- I live in Korea working for LG.
  = Working for LG, I live in Korea.

단, 밑줄 친 뒤의 문장은 'working for LG'를 조금 더 강조하거나 약간의 다른 뉘앙스를 추가할 때 쓴다.

이 부분은 뒤에서 좀 더 다루어 볼 것이다.

단어를 묶어라

의미 단위로 단어를 묶는 것, 즉 구문을 문장이 아닌 마치 하나의 단어처럼 여기는 감각이 중요하다고 했다.

that you study English 당신이 영어공부를 한다는 것

이런 인식을 전문적으로 청킹(의미 단위로 묶기)이라고 표현하는데, 결국 하나의 의미 단위인 단어처럼 생각하는 것이다. 그러면 아래와 같이 일반적인 단어처럼 쓸 수 있다.

- That you study English will help you understand other cultures.

'당신이 영어공부를 한다는 것이 당신이 다른 문화를 이해하는데 도움을 줄 것이다'라는 의미이다. 'that you study English'가 한 단어처럼 느껴지면

<u>That</u> <u>you</u> <u>study</u> <u>English</u> <u>will</u> <u>help</u> <u>you</u> <u>understand</u>
 ①   ②   ③   ④   ⑤   ⑥ ⑦   ⑧

<u>other</u> <u>cultures</u>. 개의 단어로 이루어진 문장에서,
 ⑨   ⑩

<u>That</u> <u>you</u> <u>study</u> <u>English</u> <u>will</u> **<u>help</u>** <u>you</u> <u>understand</u>
      ①   ②   ③ ④   ⑤

<u>other</u> <u>cultures</u>. 마치 ⑦개의 단어로 이루어진 문장처럼 느껴질 것
 ⑥   ⑦

이다.

뿐만 아니라 앞서 설명한 '동사 뒤에 따라오는 말'에 관심을 가지
게 되면 10개의 단어로 된 긴 문장은 아래와 같이 단순히 주어와 동사
로만 이루어진 아주 단순한 문장처럼 느껴지게 되는 것이다.

주어   동사

That you study English   will **help** you understand
other cultures.

이렇게 단어들을 묶어서 하나의 의미 단위로 처리하는 습관이 생
기면 아래와 같은 영어 표현도 좀 더 명확히 할 수 있게 된다.

'넌 나보다 더 공부를 열심히 하는구나'라는 문장을 영어로 쓰거
나 말해 보자.

만약 아래와 같이 만든다면 조금 어색한 표현이 될 수 있다.

You study English harder than me.

(굳이 의미가 안 통한다거나 틀렸다고 말하긴 어렵지만, 이른바

한국식의 영어 표현이다.)

You study English harder than (that) I do.

위와 같이 쓰는 것이 자연스럽다. '(that) I do'가 하나의 의미 단위로 익숙해지면 쉽게 된다.

harder는 'study' 혹은 'you study English'를 설명하는 말이기 때문에 'me'와 비교 대상이 아니다.

즉, 위와 같은 말을 영어식으로 표현해야 한다면,

'네가 영어 공부하는 것(you study English)은 내가 하는 것(I do)보다 더 열심(harder)이구나'이다.

you study English : me （X）

you study English : I do （○）

하찮아 보이지만 제대로 습관을 들이면 정확한 영어 구사가 가능해지며 우리가 목표로 하는 영어식 사고를 하는데 큰 도움이 된다.

문장이 아무리 길어도 그 문장의 동사는 하나라고 앞서 강조했었는데, 사실 긴 문장을 보면 동사가 하나로 보이지 않는다. 그 이유가 바로 이 의미 단위를 이해하지 못하는 것이 주된 요인이다.

When my wife shops, I should accompany with her even though it is a quite long time.

(아내가 쇼핑할 때는, 나는 계속 함께 해야 한다. 시간이 오래 걸리더라도)

위와 같은 긴 문장도 다음과 같이 느껴져야 한다.

- **When** my wife shops, I should accompany with her **even though** it is a quite long time.

위의 밑줄 친 구문들도 하나의 의미 단위로 인식하면 문장이 쉽게 느껴진다. 단지 위와 같은 형태들은 일반적인 단어(명사)처럼 쓰이진 않았다. 굳이 문법 용어를 사용하면 부사(쉽게 말해, 문장이나 동사를 설명하는 말)처럼 쓰인 것이지만, 앞에서와 같이 하나로 뭉쳐서 생각하는 느낌은 똑같다. 그래서 긴 문장을 쉽게 파악하는 데 상당한 도움이 된다.

아래와 같은 because와 같은 특별한 의미('왜냐면~')를 가진 형태도 마찬가지다.

Korean people are smart because their language makes them think a lot.

위의 문장을 우리말로 번역하면 아래와 같이 되어 마치 두 문장처럼 느낄 수 있지만 '한국 사람들은 영리하다. 왜냐면 한국어가 그들을 많이 생각하게 만들기 때문이다.'

영어식으로는 한 문장이다. because의 구문을 하나의 의미 단위로 생각하면 문장이 단순하게 보일 것이다.

- Korean people are smart **because** its language makes them think a lot.

Yes, they are! (맞아 그들이 그렇지~) 위에 문장을 이렇게 받을 수 있다. 이런 부분들이 충분히 연습이 되면 아래와 같은 형태로 확장이 가능해진다.

아래와 같이 약간의 단계별로 받아들이면 영어 문장에 들어가는 모든 형태의 구문들을 쉽게 받아들일 수 있다.

who work(s) here (여기서 일하는 누군가)를 조금만 확장하면, **people** who work here (여기서 일하는 사람들)도 이해가 될 것이다. 이런 의미 단위를 마치 한 단어처럼 아래와 같이 문장에 넣으면 된다.

- I like **people** who work here. 난 여기서 일하는 사람들을 좋아해

여기서 한 단계 더 확장하면 'who work here (여기서 일하는 누군가를)'를 'working here (여기서 일하는)'로 줄일 수 있어서 아래와 같이 표현할 수 있다.

- I like **people** working here. 난 여기서 일하는 사람들을 좋아해

'우리는 우리 고유의 문자가 있는데 그것은 한글이라고 불린다'라는 글을 영어로 쓰면 아래와 같다.

- We have <u>our own</u> **character**, which is called Hangul.
- ≈ We have <u>our own</u> **character** called Hangul.

',which is'를 생략해도 뜻이 바뀌지 않는다. '우리는 <u>한글이라고</u> <u>불리는 우리 고유의 문자</u>가 있다'라는 의미이다.

정리하자면 하나의 의미 단위로 끊어서 인식하면 영어가 쉽게 느껴지게 된다는 것이다. 그리고 다음 장에 설명될 것만 더 알면 영어의 모든 구문을 이해할 수 있다. 즉 영어는 문장의 주어와 동사에 살만 붙이면 되는데, 그 살의 형태가 단 2가지만 존재한다는 것이다. 마지막으로 이 2가지 종류의 살을 구분하는 법을 알아보자.

영어에도
애매한 표현은 있다

I am waiting for you studying English. 이 문장은 두 가지의 의미일 수 있다. 일단 둘 다 맞다.

첫째, ① 공부하는 너를 기다리는 중이야

둘째, ② 공부하면서, 너를 기다리는 중이야

두 가지 의미를 모두 가지고 있기 때문에 쓰기 애매한 상황이 많을 것이다. 그러면 이러한 표현들은 쓰지 말아야 하는 것인가? 아니다 상황에 따라 듣는 사람들이 알아서 들을 수 있다면 아무런 문제가 없다.

예를 들어 영어 선생님이 공부할 학생을 기다리면서 전화로 학생에게 이야기하는 상황이라면, 아래와 같은 의미일 것이다.

"(너 왜 빨리 안 와?) 영어 공부하는 널 기다리고 있어 (내가 먼저 와서 기다리고 있잖아. 공부하는 게 너지? 나냐?)"

반대로 공부할 학생이 영어 선생님을 기다리면서 전화로 선생님에게 이야기하는 상황이라면 아래와 같은 의미일 것이다.

"영어 공부하면서 선생님을 기다리고 있어요 (아직 수업도 시작 안 했는데 이미 공부하면서요~ 나 착하죠?)"

이렇듯 영어도 하나의 언어이기 때문에 애매한 표현도 있다. 문장의 의미는 상황에 따라 달라지기도 하는 것이다. 그래서 단순히 텍스트(text)의 의미를 파악하는 것보다 컨텍스트(context)의 의미를 파악하는 것이 중요한 습관이 되어야 한다.

만약 듣는 사람이 주변 상황을 판단할 수 없는 경우라면 위와 같은 문장들을 쓰면 안 될 것이다.

명확히 이야기를 하려면 첫 번째 상황은 ① I am waiting for you who study English(영어 공부하는 널 기다리는 중이다)라고 말해야 하며, 이를 앞서 설명된 의미 단위의 개념으로 따지면,

- I am waiting for **you** who study English.
  ≈ I am waiting for **you** studying English.

두 번째 상황은,

② I am waiting for you while I study English(영어 공부하면서 널 기다리는 중이다) 라고 해야 한다. 줄이면

- I am waiting for you, studying English.

말을 짧게 말하는 것이 좋을지, 아니면 명확히 (길게) 표현하는 것이 좋은지 상황에 따라 대처해서 사용하는 습관을 들인다면 정확한

대화가 가능해지고, 글을 쓴다면 좋은 글이 나오는 것이다.

영어는 주어 + 동사의 문장구조를 기본으로 가지게 되는데, 이런 문장구조에 덧붙이는 것들을 많은 영어 책에서 '영어의 살'이라고 표현한다.

영어의 기본 문장에 붙는 살은 앞에서 설명한 바와 같이 2종류만 있고, 이것만 구분해 낼 수 있으면 되는 것이라고 했다. 이를 다시 한 번 정리하면 아래와 같다.

① I am waiting for **you** studying English.

여기서 'studying English (영어공부를 하는)'는 'you (너)'를 직접 설명하기 때문에 'you studying English'가 하나의 의미 단위다.

② I am waiting for you, studying English.

여기서 'studying English'는 다른 단어와도 상관없이 (사실상 동사와 관련되어 있다고 볼 수도 있다) 문장에 추가된 구문의 의미 단위다. 이럴 경우 '~ing'를 우리말로 표현하면 '~하면서'라는 의미가 된다. 즉 여기서의 'studying English'는 영어공부를 하면서'라는 의미가 된다.

이때는 순서를 바꿔도 된다.

▪ Studying English, I am waiting for you.

우리말은 조사 등이 발달하여 '공부<u>하는</u>', 혹은 '공부<u>하면서</u>'라고 표현함으로써 그 구문의 역할이 구분되지만, 영어로는 모두 'studying'으로 똑같이 표시되기 때문에 우리나라 사람에게는 이 구문이 어떤 역할을 하는지 어렵게 느껴진다. 하지만 영어의 문장 구조를 파악하면 우리도 이를 명쾌하게 받아들일 수 있게 된다.

만약에 외국인이 우리말을 배운다면 수많은 종류의 조사들을 일일이 학습해야 하기 때문에 우리말이 어렵게 느껴질 것이다. 같은 원리로 한국인이 영어를 배울 때는 우리말의 사고 개념에 없는 '문장의 구조'를 파악해야 하기 때문에 영어 공부에 어려움을 느끼는 것이다.

외국인들이 조사에 익숙해지면 우리말이 쉽게 느껴지듯이, 우리는 영어식 문장 구조에 익숙해지면 영어가 쉬워지는 것은 당연하다.

앞서 설명된 영어의 원리들에 대한 내용이 좀 더 궁금하다면, 시판 중인 '보글리쉬' 도서와 인터넷에서 '보글리쉬' 동영상을 검색하면 더 많은 것들을 확인할 수 있다.

원어민은
얻을 수 없는
영어의 장점

Part

3

공부만 했던 열등생

나는 '영어를 누구나 잘 할 수 있다'고 믿는다. 이것이 실제의 사실이라는 것을 여러 가지 사례를 통해, 그리고 아직 검증되지 않았더라도 합리적인 추정으로 여러분들을 설득하고자 한다. 설득이 되면 우리가 움직일 수 있게 되기 때문이다. 1부에서 말했듯이 '동기부여'는 무척 중요하다. 아무리 좋은 컨텐츠를 접한다 해도 동기부여 없이는 소용없기 때문이다. 또한 영어를 하게 되면 어떤 혜택이 생기는지에 대해서도 얘기해 보고자 한다.

사실, 이 '누구나', '아무나'라는 말은 어떤 일에 대한 값어치를 떨어뜨리는 단어들이다. '누구나 할 수 있는 일'은 별로 대단해 보이지 않기 때문이다. 하지만 영어는 조금 다르다. 단순히 외국어를 구사하게 되는 혜택만이 있는 것이 아니기 때문이다. 우리가 접할 수 없었던 훨씬 더 넓은 세계에 도달하는 것이다. 누군가 그랬다. '외국어를 하는 것은 또 다른 영혼을 갖는 것'이라고..

과연 누구나 할 수 있는 영어가 가능한지 살펴보기 위해 우선 필자의 무능함(?)에 대한 이야기로 이 사실의 증명을 시작하고자 한다. 이것이 누구나 영어를 잘할 수 있다는 사실에 있어서 더할 나위 없는 좋은 사례가 될 수 있기 때문이다.

필자는 어릴 적 겉으로 보기에는 전형적인 '모범생'이었다. 외모(?)도 그랬지만, 학창시절의 생활 패턴은 완전한 모범생과 다름없었다. 술을 마시거나 학생의 신분으로 출입하지 못하는 곳은 아예 가본 적도 없으며, 학교를 빠지거나 수업시간에 잠을 자는 행동 등도 거의 하지 않았다. 도서관에 앉아 있는 시간도 남들보다 길어, 모범생이 틀림없을 것이라는 편견(?)을 받으며 지냈다(지금 생각해 보면, 소위 사고를 치는 행동을 하고 싶어도 할 수 없었다. 그런 친구들이 놀아주지도 않았으니 말이다).

게다가 필자와 이름이 같은 '이승범'이라는 친구가 있었는데, 이 친구는 성적이 좋아서 교내 게시판에 자주 이름이 올라오던 학생이었다. (그 당시에는 성적 우수자를 학교 게시판에 공개했었다) 덕분(?)에 많은 학생들이 나를 우등생으로 생각했다. 그러나 나의 고등학교 최종 내신 성적은 67%(당시 7등급)였다. 당시에는 4년제 대학에도 가기 힘든 성적이었고, 결국 서울에 거주함에도 불구하고 매일 시외버스를 타고 지방으로 통학해야 하는 2년제 대학에 입학했다.

그 당시 필자가 느꼈던 열등의식은 상당히 컸다. 그 열등의식이 더 컸던 이유는 공부를 안 했기 때문이 아니라 오히려 공부를 했기 때문이다. 시도조차 하지 않았다면 그만큼 상심이 크지 않았을지 모른다. 공부를 했음에도 불구하고 성적이 그렇게 나왔다는 것은 말로 설명할 수 없는 열등의식에 빠지게 만들었다.

'난 진짜 바보인가 봐'

본인 스스로 이렇게 생각한다는 것은 정말 슬픈 이야기이다.

이런 이야기를 꺼내는 이유는 나의 사례가 특이하기 때문이 아니라 오히려 특별한 것이 아니라는 것을 전하기 위해서이다. 원래 공부에 재능이 있는데, 그 재능을 대한민국 사회에서 발휘하지 못했다는 것은 필자뿐만이 아니라 많은 대한민국 학생들에 해당된다는 것이다. 현재 필자는 그러한 학생들을 모아 활동하고 있다. 완전한 열등생이었던 우리 학생들도 지금은 글로벌 인재가 되어 있다. 나의 경우만이 아닌 여러 사례를 거쳐왔기 때문에 더 자신 있게 말할 수 있다. 우리 사회의 교육 환경이 특이하다는 것이다.

아무튼 필자의 사례가 발생하게 되는 원인을 분석해 보자. 나는 공부하고 연구하는 것을 무척 좋아한다. 어떤 현상이 발생했을 때 그 원인을 따지고 자꾸 '왜' 그런지 생각하는 것을 즐긴다. 이렇게 되면 자연스레 공부가 좋아진다. 공부를 좋아하게 되면 공부를 잘하게 되는 것은 당연지사다. 그래서 필자는 지금은 공부를 잘한다. 필자가 해외 대학에서 맡은 보직 중 교수들의 연구를 관리하는 Research Director 업무를 수행하기도 했다. 간단히 말해 교수들을 통제하는 업무이다. 이런 예시만으로도 조심스럽게 공부를 잘한다고 말해도 되지 않을까. 그런데 왜 학창시절에는 공부를 열심히(?) 했음에도 불구하고 성적은 항상 낮게 나온 걸까?

계속 멍청하다는 소릴 들었던 사람이 어떻게 나이가 들어 공부를 잘하는 사람이 되었을까? 이에 대한 이야기를 하기 위해서는 많은 요인들을 설명해야 하지만, 아주 간단히 요약하자면 나는 내가 궁금하지 않은 분야에 대해서는 공부가 효율적으로 되지 않는다.

'우리가 공부를 못하는 이유는 궁금하지 않은 것을 공부하기 때문이다.'

이것을 일상화시키는 가장 대표적인 경우가 바로 '시험'이다. 시험은 똑같은 내용을 학습시켜 경쟁을 통해 우열을 가리는 것이다. 결국 시험공부가 재미없고 어려운 이유는 바로 자신이 별로 궁금해하지 않은 것을 공부해야 하기 때문이다. 시험공부의 내용이 자신이 평상시 궁금한 내용이었거나, 혹은 공부하는 와중에 궁금증이 생긴다면 시험공부가 재미있을 것이다. 하지만 그런 경우는 드물다. 사람들마다 관심분야가 모두 다르기 때문이다(하지만 영어를 궁금하게 만들 수 있다. 2부에서와 같이 이해를 하면 된다).

쉽게 말하면 나는 공부를 잘하고 좋아하지만, 시험에는 재능이 없다. 일반적으로 성적이 낮은 학생들 중 상당수가 그렇다고 주장하고 싶다. 이들은 다른 과목보다도 영어 성적이 특히 더 낮다(외국에서 살다 오거나 특별히 외국어를 좋아하지 않는 한). 현재 우리의 학교 영어시험에서는 외워야 할 것도 많고 시험을 위한 감을 잡지 못하면 아무리 공부를 해도 우왕좌왕할 수밖에 없기 때문에 성적이 좋게 나오지 않는다. 그래서 아예 영어를 포기하는 학생들이 제법 많다. 필자의 학창시절도 마찬가지였다.

영어는 아무리 공부를 해도 성적이 나오지 않는 과목이었다. 그렇다 보니 영어는 필자의 인생에서 아예 관심이 없던 분야였고 중간중간 다시 해보려고 시도는 해보았지만 효과는 전혀 없었다. 물론 이 책에서 소개하고 있는 것처럼 영어를 이해하는 법을 알았더라면 상황은 달라졌겠지만, 당시에는 그런 컨텐츠도 없었으며 영어는 그냥 무조건 외워야 하는 과목이었기에 개인적인 성향과 전혀 맞지 않았다.

영어와는 별개로 좋아하는 공부 분야를 찾아서 좋은 성과를 내고 이를 사회적 성공으로 연결하기 시작했다. 하지만 다른 분야와는 달리 영어는 여전히 감을 잡을 수가 없었고, 사회적 지위가 올라갔음에도 여전히 영어를 전혀 못한다는 것은 상당히 자존심 상하는 일이었다. 나의 치부처럼 느껴졌다.

여기에는 웃지 못할 에피소드가 있다. 국내에서 박사과정에 재학할 당시, 많은 교재가 영어로 된 '원서'였다. 당연히 수업을 준비할 때마다 이를 번역해야 했다. 어느 정도 영어에 익숙한 다른 박사과정 학생들과는 달리 필자는 전혀 번역을 할 수가 없었다. 영어문구들은 모르지만 계속 공부해 왔던 분야이기 때문에 내용은 알고 있으니, 원서에서 단어만 보고 내용을 추정하여 (내 지식을 활용해) 번역을 해 갔다. 그런데 전혀 예상치 못한 교수님의 반응이 있었다.

"다른 박사과정 학생들 잘 들으세요. 앞으로 영어 번역은 저기 있는 이승범처럼 하십시오. 여러분들이 번역한 글은 이해하기가 어렵습니다. 저 친구의 번역이 가장 매끄러워요."

'헉'

그렇다. 다른 박사과정 학생들은 어느 정도 영어를 하니 원서를 직접 번역했고, 전문 번역가가 아니기 때문에 영어 내용을 우리말로 옮기면서 문장이 다소 어색해져 버렸다. 하지만 필자는 원서의 문장을 모두 무시하고 단순하게 써서 제출하니 문장이 가장 매끄러웠고, 이를 보고 담당교수는 내가 영어를 가장 잘하는 것으로 오해한 것이다.

내 의지와 상관없이 일종의 말 못 할 비밀이 생겨버린 것이다. 생각해 보라. 학창시절 얼마나 불안한 시절을 보냈을지... 직장생활을 할 때도 마찬가지였다. '박사'라는 타이틀 때문에 영어에 어느 정도 능숙한 사람일 거라는 시선을 받는 것이 마치 언젠간 탄로날 죄를 짓고 사는 삶으로 느끼게 했다.

그래서 뒤늦게 영어공부를 본격적으로 시작하였다. 그때가 37세 무렵이었다. 해외로 이주한 다음부터인데, 공부를 시작할 당시, 어학원에서 받은 필자의 영어 수준은 가장 최하 단계였다. 물론 앞서 얘기했듯이 해외 생활을 통해서도 영어는 별로 늘지 않는다. 완전한 영어 환경에 들어가더라도 성인들에게는 영어실력 향상에 크게 도움이 되지 않을 수도 있다는 뜻이다.

그러나 지금은 대학에서 영어로 강의를 하고 업무를 처리하는 데 문제가 없다. 게다가 글을 쓰면 원어민들이 잘 쓴다고 부러워하기도 한다. 그리고 이렇게 영어와 관련된 책을 쓸 정도가 됐다.

필자의 사례를 소개한 이유는 바로 이 책을 통해 말하고 싶은 것들과 일맥상통하기 때문이다. 어릴 적 공부를 못했어도, 나이가 많아

도, 현재 영어실력이 완전히 바닥이라도, 심지어 영어 공부를 열심히
했는데도 여전히 영어를 못한다 해도 문제가 없다는 것이다. 영어는
'누구나 잘 하게 될 수 있다'는 것을 말하고 싶다.

공부를 못한다고
능력이 없는 것이 아니다

학창시절에 성적이 낮았으면 자신은 공부에 소질이 없다고 아예 확정해 버린다. 그럴 필요가 없다. 먼저 자신이 무능하다는 생각을 버려야 한다. 앞서 얘기했듯이 '시험 준비'와 진짜 '공부'는 다르기 때문이다. 어쩌면 우리는 진짜 '공부'를 아직 안 해봤을지도 모른다.

성적과 관련된 주제를 꺼내니 어린 혹은 젊은 학생들에 해당되는 이야기로 들릴 수 있다. 그러나 이것은 학창시절을 거친 모든 이들에게 하고 싶은 이야기이다. 학부모들에게 자녀교육과 관련되어 말하는 것이 아니라, 학부모 자신과도 관련된 이야기라는 뜻이다. 앞서 얘기한 필자의 열등생 경험담은 과거에는 흑역사(지우고 싶은 과거)였을지 모르지만, 지금은 영광스러운 훈장이자 현재 하고 있는 일에 꼭 필요했던 경험들이다. 지금 필자는 한국에서의 열등생 혹은 우리가 사회 부적응자라 불리는 이들을 글로벌 인재로 양성하는 일에 주력하고 있다('보통 사람들의 글로벌 프로젝트'라 부른다).

일단 한국 사회에서 성적이 좋지 않으면 이들이 할 수 있는 일은 사실상 별로 없다. 마음껏 공부를 할 수도, 원하는 일자리를 얻을 수도 없다. 이런 사치스러운 욕심(?)까지 아니더라도 가만히 있기만 해도, 그 존재 자체로도 온갖 멸시를 받는 것이 이들의 현실이다.

그렇다면 이들이 정말로 무능한 걸까? 당연히 아니다. 이 글을 읽는 여러분 중 대부분도 마찬가지로 여기에 동의하고, '성적과 사람의 능력은 무관하거나 혹은 상관이 있더라고 아주 크지 않다고 생각한다'고 할 것이다. 하지만 우리의 무의식은 그렇게 얘기하지 않고 있다. 곰곰이 생각해 보라. 우리 사회에 만연한, 성적으로 사람을 평가하는 인식은 이미 우리의 뇌리에 각인되어 있다. 명문대 학생을 치켜세우고, 흔히 말하는 지잡대(폄하할 생각 없다. 필자도 지잡대 출신이다)출신은 일단 낮게 평가를 한다. 앞서 얘기한 영어에 대한 사회적 인식이 쉽게 바뀌지 않는 것처럼 이런 성적의 서열화도 쉽게 바뀌지 않을 것이다. 필자가 청년들을 위해 이런 활동을 하는 이유는 이들 개인의 인생에 직접 도움을 주고자 하는 목적도 있지만, 이들의 사례를 통해 우리 사회에 메시지를 던져주고 싶은 측면도 있다.

그 메시지는 다음과 같다.

성적이 높은 학생과 낮은 학생은 성향이 다를 뿐이지, 능력의 차이가 나는 것이 아니다. 각각 가지고 있는 능력의 종류가 다를 뿐이다.

하지만, '성적이 높으면 우수하다'라는 집단 오류에 빠져든 이유가 있다. 실제로 성적이 높으면 똑똑해 보이기 때문이다. 일단, 성적이 높은 학생들은 공부를 한 것이 많다(머리에 들어 있는 것이 많다)는 뜻이고, 성적이 낮은 학생들은 공부를 덜 했다(머리에 들어 있는 것이

별로 없다)는 뜻이다.

그런데 위의 표현을 조금 더 정확하게 다시 표현하면 아래와 같이 말해야 한다.

성적이 높은 학생들에게 공부할 기회를 더 많이 주었고 성적이 낮은 학생들은 공부할 기회를 덜 주었다고 말해야 한다.

비로 기회의 문제라는 것이다. 대부분의 교육 컨텐츠가 성적 우수자에게 초점이 맞춰져 있다. 성과 중심의 교육이기 때문이다. 그러다 보니, 아래의 그림과 같이 학년이 올라갈수록 학교 수업에 대한 이해도가 급격히 떨어진다(기회가 문제라는 또 하나의 증거는 소득별로 학교 수업에 대한 이해도 차이가 큰 것을 들 수 있다).

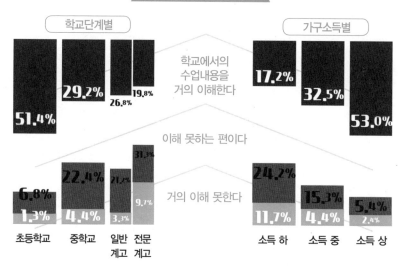

학교수업에 대한 이해도

학교단계별

학교에서의 수업내용을 거의 이해한다

51.4%　29.2%　26.8%　19.8%

이해 못하는 편이다

31.3%
22.4%　21.2%　9.7%
6.8%
1.3%　4.4%　3.3%

거의 이해 못한다

초등학교　중학교　일반계고　전문계고

가구소득별

17.2%　32.5%　53.0%

24.2%　15.3%　5.4%
11.7%　4.4%　2.4%

소득 하　소득 중　소득 상

〈 출처: 한국청소년정책연구원, 아동청소년인권실태조사 (2012)〉

'학교 수업에 대한 내용을 거의 이해한다'는 학생의 비중이 고등학생이 되면 20%가량 밖에 되질 않는다. 그리고 이런 상황이 계속되면 학생들 간의 누적된 학습량에 차이를 보일 수밖에 없다. 그러니 성적이 낮은 학생은 머릿속에 지식을 넣을 기회가 없게 된다. 강압적인 시험공부를 따라오지 못하면 무능하다고 여겨 버리는 우리 사회가 만들어 내고 있는 악순환이다.

　그들이 공부를 안 하는 것이 아니다. '우리가 공부를 안 시키는 것이다'라고 생각하는 것이 타당할것이다. 머릿속에 지식이 부족하고 이것이 계속 누적되다 보니, 성적이 낮은 자들이 미련해 보일 수밖에 없다. 하지만 나는 이것이 지적 능력과는 무관하다는 것을 계속해서 증명해 내고 싶다. 이로 인해 인재 양성의 다양성을 무참히 말살해 버려 궁극에는 그 피해를 고스란히 우리 사회가 받고 있다. 이를 조금 더 애기해보고자 한다.

시험 점수가 낮은 이들이 바보가 아니라,
이들을 바보 취급하는 시험이 바보다

필자는 자격증을 하나도 가지고 있지 않다. 자격증 시험을 본 적이 없는 것이 아니라 모든 자격증 시험에서(운전면허증을 제외하고) 전부 탈락했다. 시험에 재주가 없다는 전형적인 증거이다. 하지만 얘기했다시피, 공부를 좋아하게 되었고 박사과정 재학 중 너무나 좋아하는 과목이 생겼다. 당연히 그 과목에 대해 전문가가 되었고 이 과목을 다른 박사과정 학생들에게 가르치기도 했으며, 배운 기술로 기업체 등에서 실력을 발휘하기도 했다. 즉, 나는 그 분야의 전문가가 된 것이다. 그런데 마침 이 분야와 관련된 공식 자격증이 만들어졌고, 자격증이 하나도 없는 설움 아닌 설움을 타파해보고자 이 자격증 시험에 응시했다.

결과는?

또 탈락이었다. 그것도 1차 필기시험에서 떨어졌다. 탈락 소식을 듣는 순간 자책을 했다. '너무 자만했구나' 왜냐면 나는 이미 그 분야의 전문가라고 생각했기에 시험준비는 별도로 하지 않았다. 다른 대학원생들을 가르쳐 줄 정도이니 학술적으로도, 또한 기업에서 일을 했으니 실무적으로도 문제가 없었기 때문이다. 단, 시험준비를 특별히 하지 않았을 뿐이다.

'나의 게으름이 결국 나를 무자격증자로 남게 하는구나'라며, 나의 미련함을 자책하는 순간 또 다른 생각이 들었다. 나는 그 분야에서 이미 자타공인으로 충분한 능력을 가지고 있는 상태였다. 그런 내가 떨어졌으니, 내가 바보가 아니라 나를 떨어뜨린 시험이 바보일 것이라는 생각이 들었다.

어쩌면 시험이라는 것이 대게 마찬가지일 수 있다. 시험은 진짜 능력을 평가하기에 뭔가 부족할 때가 많다. 그러면 과연 어떤 사람들이 시험에 재주가 있는 것일까? 교육 전문가는 아니지만 요인들을 찾아보았다. '학업성취도'라는 변수의 이름이 소위, 우리가 말하는 공부의 결과로 활용되는 학술적인 용어이다. 이 학업성취도에 영향을 주는 요인은 많다. 크게 외부적인 요인(환경)과 내부적인 요인(개인 성향)으로 나눌 수 있는데, 외부적인 요인은 여기서의 관심 대상이 아니니 내부적인 요인을 살펴보고, 다음과 같이 간단하게 정리해 보았다.

왼쪽에 배치된 성향들(부지런한, 끈기 있는, 수용적인)과 오른쪽에 배치된 성향들(게으른, 끈기 없는, 반항적인)은 반대되는 성향들이라고 볼 수 있다. 왼쪽은 학업성취도가 높고, 그 반대의 성향, 즉 오른쪽의 성향을 많이 가지게 되면 학업성취도가 낮게 나타난다. (여기서부터는 '학업성취도'라는 말을 쓰지 않고 자연스럽게 말하기 위해

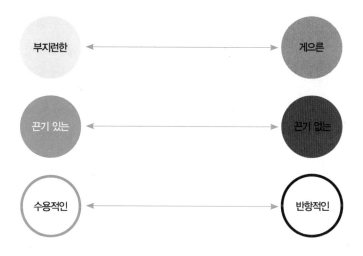

흔히 우리가 말하는 '공부를 잘하는'이라고 표현하겠다).

굳이 학술적으로 설명하지 않아도 공부를 잘하는 학생들은 왼쪽의 성향을 더 많이 가지고 있다는 것을 상식적으로도 알 수 있을 것이다. 공부를 잘하기 위해서는 왼쪽 영역의 성향이 모두 필요하다. 예를 들어 아무리 부지런하고, 끈기가 있어도 수용적인 성격이 아닌 반항적인 성격일 경우 좋은 성적을 받기 힘들 수 있다. 심지어 성적을 잘 받고 싶다면 자신의 의견이나 사고를 반영하면 안 되는 경우도 많다(그래서 필자는 우리나라에서 공부를 잘하는 학생들을 '맹목적 수용력'이 강하다고 표현한다).

만약 게으르고, 끈기도 없고, 반항적인 학생이라면 즉, 완벽히 오른쪽의 성향을 가진 학생이라면 확실히 예측할 수 있다. 한국에서는 공부를 잘할 수가 없다는 것을. 열등생 취급을 받고, 심지어 사회부적응자가 되어버린다. 그러니 우리는 왼쪽의 성향을 가진 학생들을 우수한 학생들로 여기고, 그렇지 않은 학생들도 억지로 왼쪽의 성향을 가지도록 강요한다. 이는 사실 학창시절에만 국한되지 않고 직장 등의 사회생활을 할 때도 마찬가지다.

그러니 왼쪽의 성향을 가진 사람들이 성적이 높으니 주로 우리 사회의 인재로 등용된다. 그렇다면 왼쪽의 성향이 무조건 좋은 것이고, 오른쪽의 성향은 나쁜 것일까? 여기서 예를 하나 들어 보이겠다. 경영학과 관련된 분야에서 오래되었지만(1969년도 최초 발표) 아주 유명한 이론이 하나 있다. 바로 'the Peter Principle'인데 우리말로는 '피터의 원리' 정도로 얘기하면 될 듯싶다. 이 이론의 핵심을 쉽게 설명하면 아래와 같다.

> 조직에서 일을 잘하면 승진을 하게 되고, 일의 성과가 계속해서 좋으면 승진을 반복하게 되는데, 어느 순간 성과가 더 이상 나타나지 않으면 승진을 멈추고 그 자리에 머물게 된다는 것이다. 이렇게 되면 조직에 있는 사람들은 자신이 성과를 제대로 못 내는 자리에 계속 정체되기 때문에 조직의 효율성이 떨어진다는 것이다.

즉, 조직 구조의 한계점을 설명한 이론이다. 그런데 필자는 이 이론이 정립되는 과정에서 발생한 또 다른 점을 이야기하고자 한다. 승진을 지속적으로 하던 사람이 어느 자리에서 갑자기 성과를 못 내는 이유가 뭘까? 이 연구 결과에서는 그 원인이 바로 '너무 부지런함'에 있다고 나타난다. 즉 말단 자리나 하급 직위에서는 '부지런함'으로 인해 큰 덕을 보지만, 높은 자리에 올라갈수록 그것이 오히려 '독'이 된다는 것이다.

　리더 자리에서는 좀 게으른 성향이 필요해진다는 뜻이다. 말단 자리에서 성과를 못 낸다고 좋은 CEO가 될 수 없는 것이 절대로 아니라는 것이다. 다소 비약적인 표현이 될 수 있지만, 오히려 좀 게을러 보이는 이들이 큰 조직의 CEO로서는 성과를 더 잘 만들 수 있다는 것이다.

　위와 같은 주장이 좀 불편하다면, 관점을 조금만 바꾸면 수용이 쉬워진다. 게으른 것은 분명 좋은 것이 아니다. 하지만 우리는 게으른 자들의 '게으름'이 필요한 것이 아니라, 이들의 '여유로움'이 필요한 것이다. 너무 부지런한 사람들을 통해서는 그들의 '조급함'이 튀어나올 가능성이 크고 '여유로움'을 기대하기는 힘들다.

　다른 항목에 대한 이야기를 더 해보면 '끈기 있는' 것이 무조건 좋은 것만은 아니다. 과거에는 세상이 많이 변하지 않았기 때문에 끈기 있게 '한 우물만 파는' 것이 언젠가는 좋은 성과를 가져왔다. 하지만 지금 시대에는 여러 가지 분야를 접목하는 것이 더 필요해졌다. 우직

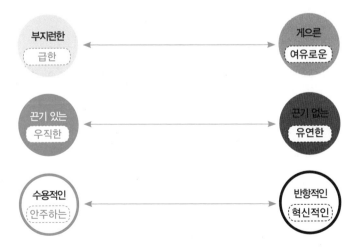

하게 한 길만 가는 끈기 있는 자들이 오히려 불리할 수도 있는 것이다. 필자는 '끈기 있는' 많은 우등생 출신들이 중년이 되어서 자신의 인생을 후회하는 경우를 종종 본다.

필자가 해외로 떠나기 전, 한국에서 대기업에 근무한 적이 있다. 그 기업은 많은 젊은이들이 입사하고 싶어하는 선망의 대상이었다. 그곳에서 근무하던 당시 형, 동생이라 부르며 친하게 지내는 직원이 있었다. 공부를 무척 잘하던 친구였고, 성적에 걸맞게 명문대 (경영학과) 출신이었고, 워낙 성실하게 일을 잘해서 회사 내에서도 주로 전략기획팀과 같은 역할이 큰 팀에서 일하던 친구였다.

그 친구가 대리로 일하던 당시 필자에게 종종 하던 말이 있었다.

"형 저 여기서 일하는 거 너무 힘들어요. 다음 달에는 회사를 그만 둘까 봐요"

나는 다른 기업으로 이직을 했고, 이 친구는 계속 같은 직장에 있었다. 직급도 과장으로 승진을 했고 사석에서 이 친구를 만났다. 그리고 하는 말..

"형 요즘 너무 힘들어요. 곧 회사 그만 둘 것 같아요"

몇 년간 해외 생활을 하다, 잠시 한국에 들어와서 다시 이 친구를 만났다. 이제는 40대 중반의 나이로 여전히 같은 회사에서 더 높은 직급에서 일을 하고 있었다.

"형 저 이번엔 진짜로 회사 그만 두고 싶어요"

왜냐고 물어봤고, 이번엔 꽤 자세히 이유를 말했다. 해외 대학에서 교수로 일하던 나에게 공부에 대한 조언을 듣고 싶었던 것이다.

"공부하고 싶어요. 사실 저 고등학교 때부터 '역사'나 '통계'를 공부하고 싶었거든요. 지금 공부를 새로 시작해도 늦지 않았겠죠?

더 이상 그 회사에서 자신의 비전을 찾기 힘든 것이다. 그 회사의 신입사원을 1,000명이라고 했을 때, 임원까지 승진하는 직원은 단 2명 내지 3명이다. 수 백대 일의 경쟁률을 뚫고 들어와도 다시 수 백대 일의 경쟁률을 뚫어야 임원이 된다. 이 친구도 알고 있을 것이다. 자신이 유능하지만 임원이 되기는 힘들다는 것을 말이다. 그러니 이제 와서 다른 길을 찾고 싶은 것이다.

사실 이 친구는 명문대를 졸업하고, 일류 기업에 입사해서 능력을 인정받으며 이제껏 살아 왔다. 여기까지는 우리의 부모 세대가 우리 자녀 세대에게 바라는 인생을 그대로 살아온 소위 '엄친아'이다. 하지만 이 친구는 지금 자신의 인생에 '후회'라는 수식어를 붙이고 있다. 이 친구는 '다음 달이면 그만 두고 싶어하는 회사'를 십 수년 째 참고 견딘 것이다. 바로 이 친구의 장점이었던 '끈기'가 이런 상황을 만든 것이라 볼 수 있다.

만약 이 친구가 '끈기'를 발휘하지 않고 하고 싶었던 공부인 역사나 통계학을 오래 전에 공부했다면 어땠을까? 결과는 모르는 일이지만, 십 수년을 힘들게 살아온 시간은 '행복한 시간'으로 바뀌었을지 모르는 일이다. 게다가 좋아하는 일을 했다면, 어쩌면 정말로 좋은 성과를 냈을지 모른다.

마지막 항목도 간단히 얘기해 보자. 세상을 바꾼 혁신가들이 과연 '수용적'인 사람들일까?

당연히 아니다. 소위 똘끼를 가진 반항적인 사고를 하는 사람들을 통해 혁신적인 변화가 생겨났다는 것은 굳이 예를 들지 않아도 수긍할 것이다. 우리 사회는 이러한 '반항적인 성향'을 가진 인재들을 철저히 눌러 버린다. 우리 나라 사람들은 전반적으로 우수하지만, 왜 천재적인 사람들이 잘 나타나지 않는가를 설명할 수도 있지 않을까 싶다.

어쩌면 우리는 천재를 바보 취급하고 있을지 모른다.

우리 사회에서는 철저히 왼쪽의 성향을 가진 사람들에게만 사회적인 성공의 기회가 집중되어 왔다. 여기서 필자가 강연을 할 때 청중들에게 종종 퀴즈처럼 묻는 질문이 있다.

"과연 저 왼쪽의 성향을 완벽히 가진 사람에게 가장 잘 어울리는 직업은 무엇인가?"

이 글을 읽고 있는 여러분도 생각해 보길 바란다. 청중에게서 다양한 직업들이 나오는데, 특히 공무원, 교사 등이 왼쪽 성향과 잘 어울린다고 대답들을 한다(지면을 통해 특정 직업 계층을 비하하려는 의도가 없다는 점을 미리 밝혀둔다). 하지만 필자는 '노예'라고 대답한다. 노예는 직접적인 직업의 종류라고 말할 순 없지만 정답을 듣는 순간에 충격을 주기 위해 일부러 정답을 피하게 하려고 '직업'이라는 단어를 사용한 것이다. 즉 우리는 이 '노예의 성향'을 가진 이들을 우리 사회에서 인재로 여긴다는 뜻이고, 어찌 보면 노예 같은 사람들을 양성하려는 교육시스템을 가지고 있다고도 볼 수도 있다. 물론 '노예의 성향'을 가진 이들과 함께 일을 하거나, 부하 직원으로 둔다면 한결 편할 수는 있다. 하지만 우리 사회는 그런 인재만 필요한 것이 아니다. 사실 오른쪽의 성향들을 가진 사람들도 우리 사회에서는 필요하다.

결국 오른쪽에 속한 인재들에게 아무런 기회조차 주지 않을뿐더러 오히려 이들의 천재성을 계속해서 업신여기고 찍어 누른다.

자 이제 다시 이 이야기를 영어와 관련시켜 보도록 하자.

사실 기존의 영어 컨텐츠들은 왼쪽의 성향의 사람들에게 어울렸었다. (무조건 외우기만 하니 말이다) 하지만 이 책에서 설명되고 있는 방식의 영어 컨텐츠는 오른쪽의 성향을 가진 이들에게 많은 효과를 보고 있다.

사실 이 책에서 소개되는 영어 공부법은 왼쪽과 오른쪽 양쪽 모두, 즉 모든 사람들에게 잘 어울리는 컨텐츠이다. 단지 그동안 공부를 못하는 사람으로 취급 받았던 오른쪽 성향의 사람들도 공부할 수 있다는 것을 얘기하고 싶은 것이다. 누구나 할 수 있다는 것이다.

자 이제 실제로 영어가 사람을 어떻게 변하게 하는지 더 이야기해보자.

영어를 이해하면
착해진다

영어를 쓰면 우리는 '다름'에 대해 더 관대해진다. 그 이유를 설명해 보고자 한다. 이 책에서 강조하는 내용 중 하나가 영어를 쓰게 되면 생각이 얼마나 디테일해지는가이다('디테일'이라는 영어 표현을 직접 썼다). 생각에만 그치는 것이 아니라, 실제 행동양식이 바뀌기도 한다.

호주에서 5년을 거주하며 한국인들의 사고와 호주인들의 사고 차이를 많이 경험했다. 하나의 에피소드를 소개한다. 호주는 대중교통 요금이 우리나라보다 훨씬 비싸다. 한국과 마찬가지로 교통카드를 '삑' 대고 승차를 하는데, 대학생일 경우 반값으로 할인을 해주는 충전식 카드가 존재한다. 단, 정규과정 학생만 사용 가능하고 랭귀지스쿨 등의 어학원 학생들에게는 해당이 되지 않았다.

하지만 할인을 받기 위해 어학원 학생들도(특히 우리나라 어학원 학생들) 대부분이 정규과정 학생들이 사용하는 카드를 어떻게든 구해 할인을 받고 다녔다. 사실 카드를 구매하는 과정도 어렵지 않다. 현지에서 대학에 다니는 학생들을 통해 구매하거나 아니면 판매처에 이야기를 하면 쉽게 구할 수 있기 때문이다. 게다가 버스를 탈 때 학생증을 제시하는 등의 추가적인 확인 절차가 없기에 일단 카드를 구하면 마음 편하게 사용할 수 있다.

아래의 상황은 필자가 직접 목격한 광경이다. 어느 어학원의 한국 학생이 현지의 한국인 대학생에게 교통카드 구매를 부탁하고 있었다. 이 한국인 대학생은 어머니와 아버지가 모두 한국인이고 우리말도 잘하지만 호주에서 태어나고 자란 사람이었다. 당연히 우리말식 사고보다는 영어식 사고에 익숙한 친구였다. 이 친구의 이름은 허버트.

어학원 학생 : 허버트! 나 학생용 교통카드 하나만 구매해 줄래?

허버트 : 어학원 학생은 정규과정 학생이 아니잖아?

어학원 학생 : 그러니까 내가 너한테 부탁하는 거지

허버트 : 아니, 내 말은 너는 학생이 아니잖아

어학원 학생 : (답답하다는 듯이) 그러니까 너한테 부탁하는 거라고

허버트 : (이해 안 된다는 듯이) 아니.. 너는 학생이 아니잖아

이 어학원 학생은 뒤돌아서서 허버트를 융통성이 없는 친구라고 볼멘소리를 하고, 허버트는 그 나름대로 고개를 갸우뚱하며 '학생이 아닌데 왜 학생카드를 쓰려고 하지?'라며 혼잣말을 한다.

사실 우리의 관점으로는 이 어학원 학생의 입장에 조금 더 동의할 것이다. 어학원 학생이 정규과정 학생들의 카드를 사용하는 것이 규정 위반이긴 하지만, 누군가 확인하는 것도 아니고 게다가 나름 논

리가 있다.

'나도 여기서 비싼 돈을 내고 학교를 다니는 학생인데, 왜 나는 할인을 안 해줘?' 이런 생각으로 우리의 행위에 정당성을 부여한다. 하지만 영어식 사고를 하는 친구들은 사용하지 말라는 규정이 있으면 안 쓰는 것이 더 타당하다고 생각하는 것이 일반적인 사고다.

그런데 여기서 잘 생각해 보자. 우리는 보통 이 어학원 학생의 행동과 똑같이 하겠지만(실제로 필자는 학생 할인 교통카드를 쓰지 않는 한국인 어학원 학생을 한 명도 못 만나 봤다), 만약 이 책을 순서대로 차례로 읽어 오고 있다면 허버트의 행동도 이해되기 시작할지 모른다. 왜냐면 영어식 사고에 익숙해지면 사고방식도 이렇게 된다는 것을 넌지시라도 느끼게 되기 때문이다.

이런 사례가 아니더라도 영어를 하게 되면 이들의 행동양식을 더 잘 이해할 수 있게 된다. 영어식 사고를 받아들이면서 우리의 생각의 폭이 넓어지는 것이고, 그만큼 상황을 이해하는 범위도 커지게 된다. 이는 영어를 공부함으로써 얻을 수 있는 또 하나의 커다란 혜택이다. 즉 우리말식의 사고의 틀을 벗어나 새로운 사고를 하게 만드는 것이다. 실제로 이런 식으로 영어를 이해하면 사람이 '착해'진다.

나와 다름을 인정하는 사고는 우리의 삶을 여유롭게 한다. 사실 우리가 인간관계에서 스트레스를 받는 이유도 이 '다름'을 인정하지 못하는 부분 때문에 발생하는 경우가 많다. 억지스러운 표현 같지만 영어공부를 통해 이런 부분이 극복되기도 한다. 정말이다.

새로운
지적 영역을 찾아서

　영어는 사람을 착하게도 만들 수 있지만 영어식 사고는 지적 영역의 확대로도 이어지기도 한다. 앞서 인간의 지적영역은 언어영역의 크기와 비슷하다고 밝힌 것처럼 (언어뿐만 아니라 모든) 공부를 하게 되면 아래 그림과 같이 우리의 지적 영역이 커지면서 이에 따른 언어 영역도 커지게 마련이다.

　예를 들어 어떤 사람이 생화학 분야에 대해서 공부를 하고 지식화를 했다고 하자. 그러면 그 부분의 지적영역이 자신의 것이 되고 이것을 다른 사람과 소통할 수 있게 된다. 소통한다는 의미는 어떠한 형

태의 언어로든(반드시 우리말이 아니더라도, 그리고 기호나 수식도 일종의 언어이기 때문에) 다른 사람과 지식을 교류할 수 있다는 뜻이고, 이 교류를 통해 더 지식이 넓어지는 것이다. 그래서 일방적으로 누군가에게 가르치는 것도 (언어로 정리를 해야 가능한 것이기 때문에) 본인의 입장에서는 또 다른 배움이 되기도 한다.

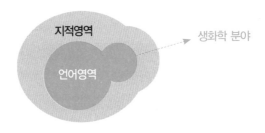

이런 개념을 적용하여 언어를 생각하면 언어공부는 정말로 훌륭한 공부의 도구가 된다. 아래의 그림과 같이 완전히 새로운 지적 영역의 확대를 가져오기 때문이다. 특히 영어와 같이 거리가 먼 언어일수록 더욱 그렇다. 이렇게 전혀 다른 분야의 언어를 공부하는 것처럼 급속도의 지적영역이 확대되는 것은 별로 없다. 먼 거리에 있는 외국어 공부가 압도적이다.

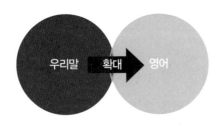

그렇다고 가까운 언어가 배울 가치가 없다는 것은 절대 아니다. 일본어와 같이 공통부분이 많은 언어라 할지라도 아래 그림처럼 겹치지 않는 일본어 고유 영역은 우리에게 무척 어렵다. 한국어를 사용하는 우리에게는 '말의 정확성'에 약점이 있다고 했는데, 일본어와 겹치지 않는 부분이 그런 부분과 관련이 깊다. 우리말로 설명하기 힘든 디테일한 부분이 있다고 한다. 일본어가 처음에는 쉽게 느껴지지만 뒤로 갈수록 어렵다고 하는 이유가 바로 이 부분이다.

이렇듯 우리말과 공통부분이 거의 없는 외국어 영역을 이해하게 되면 우리가 접근할 수 없었던 미지의 정신세계에 들어가는 것이 된다.

아랍어는 어떨까? 영어나 일본어와는 다른 또 다른 매력이 있을 것이다. 아랍어는 영어로도 설명할 수 없고, 우리말로도 설명할 수 없다. 이런 것을 우리의 사고의 영역에 응용하면 아래의 그림과 같이 그려볼 수 있다. 지구상에는 이처럼 전혀 색다른 언어들이 많이 존재할

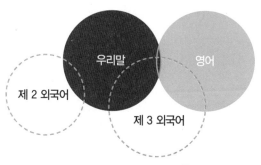

것이다.

하지만 지구촌화 혹은 그 전부터 서구세력의 정복활동을 통해 이미 많은 언어가 소멸되었다. 인간의 문명이 다양한 각도로 더 발전하려면 지구상에 수많은 언어가 계속 보존되고 유지되어야 한다. 언어는 시간이 누적될수록 자동적으로 발달하는 엄청난 문화유산이기 때문이다. 언어는 어찌 보면 인간이 만든(넓게 보면 이것이 인문학이다) 가장 위대한 유산이라고 볼 수 있다. 반강제적인 세계화로 인해 많은 언어가 사라졌다는 것이 안타까울 따름이며, 최근 AI기술의 발달로 번역기술의 성능이 좋아지면서 어떤 또 다른 폐해가 올지 우려되는 측면도 있다.

모든 것이 갖춰진 지옥

영어는 또 다른 생각의 지평에 도달하게도 하지만, 실제로 다른 생활을 체험할 수 있는 실질적인 기회를 제공해 주기도 한다. 또한 이러한 체험은 우리가 처한 현실을 더욱 객관적으로 바라볼 수 있게 해준다. 우리나라에서 살아가기 힘들다고 느낄 때 우리는 종종 이 땅을 떠나고 싶어 한다. 다른 세상의 삶은 이곳보다 나을 것이라는 기대감 때문이다. 물론 지구상에 살기 좋은 나라들은 많다. 하지만 누군가에게 우리나라는 말 그대로 '꿈의 나라'이다.

해외에서 여러 국가의 사람들과 이야기를 하다 보면 한국에 와보는 것이 평생의 소원이라고 말하는 친구들을 종종 만나게 된다. 우리보다 경제력이 떨어지는 지역에서는 '기회의 땅'과 같은 느낌으로 막연한 동경에서 비롯된 경우도 있지만, 우리보다 더 선진국에 사는 사람들의 경우도 한국에 대한 호의는 마찬가지이다.

외국인뿐만 아니라 필자가 만난 교민들 중에도 한국에 오고 싶어 하는 사람들이 많았다. 학생들의 경우 방학 때 한국을 방문하는 것을 손꼽아 기다리기도 하고, 직장인들도 휴가 때 한국에 갈 생각에 'finally', 'eventually'라는 단어들을 써 가며 흥분을 감추지 못한다.

오랜만에 친구를 만날 생각에 기뻐하는 것인가? 단순히 그렇지 않다. 심지어 한국에 친구조차 없는 교민들의 자녀들도 마찬가지로 한국을 방문하는 것을 매우 좋아한다.

"한국이 그 정도인가?"

그 이유를 물어보면 볼 것, 놀 것, 먹을 것 등, 많은 종류의 답변이 나온다. 어딜 가나 친절하고 공중 화장실은 많고 깨끗하며, 특히 대중교통이 이만큼 편리한 나라가 없다고 한다. 맛있는 음식도 넘쳐나는데 심지어 시간에 구애받지 않고 즐길 수 있으며, 각종 서비스나 공공 서비스 수준마저 무척 높고, 인터넷 등 첨단 통신시설에 대한 혜택을 받을 수 있고, 거기에 안전하기까지.. 다양한 답변들이지만, 이를 요약해 보면,

대한민국은 현대의 문명생활을 영위하는 데 있어서 최고의 인프라를 갖춘 사회인 것이다. 선진국에도 결코 뒤지지 않는다.

그런데..

이런 땅에 살고 있는 우리는 과연 행복한가? 여기에 약간의 반전도 존재한다. 한국에 방문하는 것이 꿈인 교민 학생들이 정말로 싫어하는 것이 있다. 한국에 있는 학교에 다니는 것이다. 소위 '한국 직장생활의 쓴맛'을 경험한 교민 직장인들도 한국에서 회사를 다니는 것에는 절레절레 손사래를 친다. 상상만 해도 끔찍하단다.

방문하는 것은 좋고 은퇴해서 살고 싶지만, 한국에서는 공부를

하거나 일하고 싶지는 않다고 말하는 교민들이 무척 많다. 우리가 살고 있는 곳은 천국과 지옥의 모습을 동시에 가진 독특한 사회라는 뜻이다. 또한 행복을 추구하는 데 있어서 돈이나 물질적인 것이 반드시 중요하지는 않다는 것을 고스란히 증명하는 곳이 바로 우리 사회이다.

외국어를 공부하면서 새로운 지적 세계를 넓히는 장점도 있지만, 해외 생활을 실제로 '체험'하게 되면서 새로운 세계관을 받아들이도록 한다. 이런 경험을 통해 우리의 힘든 삶을 벗어나기도 하고, 그 반면에 한국이 얼마나 좋은 나라인가를 깨닫게 되기도 한다. 이러한 것들이 영어를 공부하면서 얻을 수 있는 또 다른 혜택이다.

우리는 모두 이민자

'다문화'란 무엇인가? 사전적 정의는 '한 나라나 사회 안에 여러 민족의 문화적 요소가 섞여 있음'을 뜻한다. 이 정의를 바탕으로 오늘날 국제적인 환경에서 '다문화 성향'을 가장 많이 가진 나라는 어디일까? 미국? 유럽 국가들? 아니다. 바로 대한민국이다. 그 이유를 설명하기에 앞서 사람들의 정체성이 확립되는 시기를 얘기해보고자 한다. 사람은 자신의 가치관, 신념, 생활습관 등이 대부분 어린 시절과 청년 시절을 통해 정립되는 경향이 있다. 심지어 좋아하는 음악도 젊은 시절에 듣던 즐겨듣던 곡을 선호하며, 좋아하는 음식도 주로 어리거나 젊은 시절에 많이 정해진다. 어린 시절에 근검절약하는 습관이 몸에 배면, 후에 부자가 되어도 그 습관이 유지되는 경우가 다반사이며, 젊은 시절 운동을 좋아하던 사람은 나이가 들어도 좋아한다. 물론 얼마든지 습관의 변화를 추구할 수 있지만 변하지 않는 부분이 더 많다.

이제 우리나라의 모습을 생각해 보자. 전쟁 직후 1960년대 초반까지 우리나라는 말 그대로 전 세계에서 가장 가난한 나라인 '최빈국'

이었다. 그런데 이런 나라가 불과 40년 후인 2000년대에는 경제규모가 전 세계 9위까지 성장했었다. 인류 역사상 유례없는 급격한 변화를 경험한 하나 밖에 없는 땅이 바로 우리나라다. 이런 경험을 가진 나라는 전 세계 어디에도 없고 역사적으로도 없었다.

그것이 '다문화'와 무슨 상관일까?

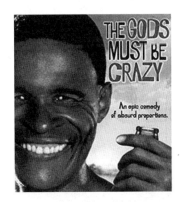

중년에 가깝거나 오래된 영화를 좋아하는 사람이라면 누구나 아는 [부시맨]이라는 영화가 있다 (영어로는 The gods must be crazy). 서양인 조종사가 비행기를 타고 아프리카 상공을 통과하다가 콜라를 마시고 빈 병을 비행기 창으로 버리면서 이야기는 시작된다.

이 콜라병을 부시맨족이 발견하게 되고, 현대문명을 전혀 접해보지 못한 이들에게 단면이 매끄럽고 빛나는 이 유리병은 마냥 신기할 따름이다. 매끄러우니 밀대처럼 어떤 것을 밀기도 하고, 단단하여 물건을 빻을 때도 요긴하게 쓰기 시작했다. 그런데 문제는 여기서 발생했다. 하나 밖에 없는 물건이다 보니, 평상시 물질욕이 거의 없던 이 부족 사람들이 이를 차지하기 위한 다툼을 시작하게 된 것이다.

이를 본 주인공은 충격을 받고 신(God)이 이상한 물건을 우리에게 가져다주어서 부족 사람들이 싸움을 시작했다고 생각하고 마침내 이 요상한 물건을 신에게 다시 돌려주려 여행을 떠난다. 우여곡절 끝에 서양 문명세계에 당도하게 되고, 이런 도시 생활로 인해 발생하는 좌충우돌하는 이야기를 담은 영화가 바로 [부시맨]이다.

과연 이 주인공은 어린 시절과 청년 시절을 보낸 부족생활을 벗어나 현대문명 세계에 제대로 적응할 수 있을까? 바로 이 영화는 이 부적응의 과정을 코믹하게 그린 것이다. 이 주인공은 진짜 원주민이었다. 실제로 그 역시 현대 문명 세계에 나와 살면서 무척 힘들어하며 살다가 요절했다. 영화 속 주인공은 문명세계에 혼자 도착했기 때문에 특히 힘들어했다. 만약 이 부족 사람들이 단체로 현대의 문명생활을 하고 있는 도시로 이주해 왔다면 어땠을까? 아마 정신적인 스트레스는 덜 했을 것이고, 단체로 왔기 때문에 자신들의 과거 관습을 더 많이 유지했을 것이다.

사회가 급변하면 계층 간의 갈등이 커지는 이유가 바로 이것이라고 생각한다. 세상이 변한다고 과연 사람들이 얼마나 변할까? 쉽게 변하지 못할 것이다. 자신이 주로 어린 시절과 청년 시절을 보낸 때의 모습을 유지할 것이다. 이런 특징을 반영한다면 우리 사회에 수많은 부시맨들이 존재한다는 의미가 된다.

1960년대 이전에 젊은 시절을 보낸 사람들은 현재의 대한민국에 살고 있어도 최빈국 혹은, 끔찍한 전쟁을 겪은 곳에서 단체로 이민을 온 이민자들이라고 볼 수 있다. 물론 영화에서처럼 급격하게 환경이 바뀐 것은 아니지만, 30~40년은 인간과 한 집단의 사회가 완전히 변하기에는 무척 짧은 시간이다.

1970년대 혹은 80년대에 젊은 시절을 보낸 사람들도 마찬가지이다. 최빈국은 아니지만, 동남아시아 수준의 국가에서 이민을 온 이민자들인 것이다. 그리고 지금 젊은 시절을 보내고 있는 사람들은 일류 국가에서 살고 있는 사람들이다. 이들이 한곳에 아우러져 살고 있으니 다문화 국가가 아니겠는가? 게다가 우리는 우리를 단일민족 국가로 여기고 있으니, 이런 차이점을 잘 인정하지 못할 것이다. 각자 자신이 속한 계층의 잣대로 다른 계층을 바라보려 하니, 많은 갈등이 생기게 된다.

결국 우리 사회는 다른 계층에 있는, 즉 다른 정신세계의 사람들을 이해하지 못하면 극심한 스트레스를 받을 수밖에 없는 사회이다. 이런 이야기들이 아마 영어와 관련 없다고 생각할지 모른다. 하지만 이 책에서 영어를 '이해'라는 관점으로 기존의 지적 영역과의 '다름'을 허용하는 것임을 밝혔다. 즉 '다름'에 대한 허용의 범위가 넓어진다는 것을 설명해왔다. 만약 우리 사회의 '다름'으로 인해 스트레스를 받고 있다면 이곳에서 '이해하고자 하는' 외국어를 공부해보길 권하는 것이다.

위대한 콩글리쉬

콩글리쉬의 사전적 정의는 '한국식으로 잘못 발음하거나 비문법적으로 사용하는 영어를 속되게 이르는 말'이지만, 여기서는 통상적으로 한국인들이 사용하는 '한국식 영어'를 통칭하는 것으로 정의하여 쓰고자 한다. 보통의 대한민국 사람들이 생각하는 영어의 표준은 '미국 영어'이다. 하지만 앞서 얘기했듯이 '미국 영어'는 하나의 '변방 영어'일 뿐이다. 우리에게 '미국식 영어 발음'은 선호의 대상이지만, 현실의 글로벌 사회에서는 가장 중심이 되는 영어가 절대로 아니라는 것이다.

한국식 영어의 우수함에 예를 들어 보이겠다. 우리나라의 외교 업무와 관련하여 큰 획을 그은 두 사람을 꼽으라면 아마도 반기문 전 UN 사무총장과 강경화 외교부 장관일 것이다. 그렇다 보니, 많은 사람들이 이분들의 '영어 실력'에 많은 관심을 가지고 있다. 반기문식 영어는 발음으로 인해 우리에게 많은 비웃음을 샀던 반면, 강경화식 영어는 우리에게 부러움을 이끌어 냈다.

이분들의 특징을 대상으로 이 책에서는 아래와 같이 정의해서 사용하고자 한다.

반기문식 영어:
유창하지만 발음은 누가 들어도 한국 사람의 영어라고 느끼는 영어

강경화식 영어:
원어민과 같이 유창한 영어 발음

*누군가를 비하하려고 이렇게 정의 내린 것이 아니라, 한국 사람들이 쓸 수 있는 영어의 스타일을 두 분의 영어로 구분해 본 것이다. 단, 이 책에서만 통용되는 정의임을 밝혀 둔다.

물론 외국인들과의 자연스러운 소통의 측면에서 강경화식의 영어가 더 유리한 것은 사실이다. 하지만 우리가 일반적으로 생각하는 것과 다른 것들이 있다. 우선 강경화식 영어는 우리에게는 원어민 발음처럼 들리지만, 원어민들이 들으면,

'영어를 모국어로 쓰는 사람이 아니네'라는 생각을 금방 하게 되고, 오히려

'한국 사람이 쓰는 영어 같은데?'라는 생각도 하게 된다. 즉 원어민 발음이 아니라는 것이다. 그렇다면 강경화 장관이 원어민 같은 발음으로 교정할 필요가 있을까? 당연히 그럴 필요가 없다. 오히려 한국식 악센트를 계속 유지하는 것이 더 좋다고 말하고 싶다.

그 이유는 '콩글리쉬'의 특권이 있기 때문이다. 영어라는 글로벌 언어(링구아 프랑카)는 자신의 정체성을 유지하고 발음하는 것이 더 좋다. 이와 관련된 특권을 아래와 같이 2가지로 요약해 볼 수 있다.

첫째, 많이 봐준다

우선 말 그대로 외국인이라는 티가 팍팍 난다. 그래서 동일한 문화권을 가진 사람에게 적용하는 엄격한 잣대를 들이대지 않는다. 우리도 외국인들이 다소 말실수를 하고 문화적 차이로 인해 결례를 범해도 관대하게 대하는 것처럼 콩글리쉬 발음은 우리를 보호해 준다.

둘째, 똑똑해 보인다

물론 전제 조건은 정확한 영어를 구사해야 한다는 것이다(이 책에서 제시한 방법으로 영어를 접하면 우리는 자연스럽게 정확한 영어를 구사할 수밖에 없다). 이렇게 되면 우리는 외국어를 '공부'해서 구사하는 엘리트 계층으로 보이는 것이다. 게다가 정확한 영어를 구사하며 원어민들이 틀리는 영어를 고쳐줄 수도 있다(강경화 장관이 이렇게 해서 국제기구에서 더 많은 인정을 받았다고 한다). 우리는 이미 고급스러운 영어 액센트(한국식 영어)를 구사하고 있다고 생각하면 된다.

게다가 한국의 위상은 국제사회에서 점점 더 높아지고 있다. 즉 비웃음을 받던 콩글리쉬가 위대해지고 있다는 뜻이다. 그런 측면에서는 반기문식 영어도 그리 나쁜 것은 아니다. 물론 일상생활에서 불편함은 따라올 수 있다. 왜냐면 발음의 다름(부정확함이라고 말하고 싶지 않다)으로 인해 소통에 제한을 받기 때문이다.

예를 들어, 반기문식 영어에서는 'milk'를 '밀크'라고 발음할 것이다. 단언컨대, '밀크'라고 소리 내면 대부분의 원어민들은 못 알아듣는다. 하지만 밀크를 아래와 같이 문장 안에 넣어서 이야기하면 모두 알아듣는다.

- In the mornings, I prefer cornflakes so I would like to buy **milk**.

위의 문장을 말하고 싶어서, 반기문식 영어로 또박또박 소리를 낸다고 가정해 보자. 위의 영어 문장을 아래와 같이 소리를 낼 것이다.

"인 더 모닝, 아이 프리퍼 콘프레이크쓰 소 아이 우드 라이크 투 바이 밀크"

위와 같은 발음은 영어 소리와 완전히 다른 소리이다. 하지만, 이 때는 '밀크'라는 말을 원어민들이 모두 'milk'로 알아듣는다. 다시 말해, 영어는 문장으로 얘기하면 훨씬 알아듣기 쉽다는 의미이다. 문장을 통째로 들으면 내용의 흐름을 잡아낼 수 있기 때문이다. 게다가 영어문장은 거의 순서가 정해져 있기 때문에 우리말보다 소리에 덜 구애를 받는다.

아이러니하게도 영어 초보자들은 문장을 잘 못 만들기 때문에 오히려 발음 하나하나가 무척 중요해진다. 그 발음조차 원어민이 못 알아들으면 소리로는 의사소통이 불가능하기 때문이다. 하지만 영어에 익숙한 사람들은 문장을 쉽게 만들어 내고, 금방 뱉은 단어를 원어민이 못 알아듣더라도 이 단어를 바꿀 수 있는 다른 표현도 가능하기 때문에 발음의 중요성은 급속히 떨어진다. (그래서 인도식 영어가 통하는 것이다)

그렇기 때문에 영어에서는 단어보다 문장구조가 더 중요하다고 이야기하는 것이다. 하지만 우리는 그와 반대로 우리말 문장에 단어만 영어로 바꿔 쓰는 경우들이 있다. 특히 대기업에서 일하는 사람들이 이런 식의 말을 많이 한다.

"나 오늘 사장한테 '챌린지' 당했어"

"이 업무는 어떤 사람들이 '팔로우업' 하지?"

"이 과장, 요즘 내 '컨선'이 뭔지 아나?"

"이 프로젝트 '킥오프'가 언제야?" 등등으로 말이다.

하지만, 이렇게 영어를 섞어 쓴다고 영어가 늘지 않는다. 차라리 영어 문장 구조를 자꾸 써보는 게 훨씬 이득이다. 외국에 사는 교민이나 아이들이 이런 식으로 한국어와 영어를 섞어서 구사한다.

"지금 전도사님 예배 중이시니?"라는 표현을 아래와 같이 한다.

"Is 전도사님 doing his 예배?

영어문장 구조에 한국어 단어를 쓰는 것이다. 우리도 이런 식으로 영어를 구사하면 실제 영어 실력이 늘어난다. 보통은 단어를 몰라서 영어 문장을 못 만드는 것이라고 생각할 수 있지만, 모르는 단어는 그냥 위와 같이 우리말로 쓰면 된다. 단어보다는 문장 구조가 우리 머리에 익숙해져야 하기 때문이다.

한국어를 사용하면
창의력이 쑥쑥

외국에 사는 교민들의 자녀들은 언어 문제가 대단히 중요하다. 영어가 중요하냐, 한국어가 중요하냐를 따진다. 한국어를 중시하자니 그 나라에서 사는데 필요한 영어 실력이 떨어지진 않을까 걱정이 되고, 영어를 중시하자니 가족관계가 틀어지고 한국인의 정체성이 사라질까 고민한다.

굳이 필자의 의견을 밝히자면, 외국에 살면서 한국어를 더 중시하는 것이 좋다고 말하고 싶다. 어린아이들은 그 나라에 사는 것만으로도 영어 문제는 거의 자동적으로 해결되기 때문이다. 그런데 한국어를 중시해야 하는 이유는 또 있다. 영어에는 없는 큰 장점이 한국어에 있기 때문이다. 바로 미래 사회에 적합한 '창의력'에는 우리말이 더 유리하다는 것이다.

얼마 전 어떤 정부기관에서 청년들을 대상으로 지역 문제를 해결하는 아이디어 발표 대회를 개최한 적이 있었다. 그리고 나는 이 참가자들을 심사하는 심사위원, 즉 면접관으로 초청을 받게 되었다. 사전

면접을 진행하기 위해 조금 일찍 장소에 도착하였다.

> 나 : 면접을 하러 왔는데요.
> 직원 : 아 일찍 왔네요. 일찍 온 김에 탁자 옮기는 것 좀 도와줄래요?
> 그냥 열심히 도와줬다.
> 직원 : 고마워요. 학생 이름이 뭐죠?
> 나 : 아 저 면접 받으러 온 게 아니라 진행하러 왔는데요.
> 직원 : .....

우리말을 사용하며 살다 보면, 이렇게 언어의 부정확함으로 인해 에피소드가 발생하는 경우가 종종 있다. 위와 같은 사례는 작은 오해 이지만 이로 인해 큰 오해를 사기도 하며, 다툼까지 발생하기도 한다. 한국어의 애매모호한 특징 때문이다.

하지만 영어를 사용하게 되면 위와 같은 상황이 발생할 일이 확연히 줄어든다. 면접을 진행하러 온 상황과 면접을 받으러 온 상황이 애초에 언어에서 완벽하게 분리되기 때문이다. 어중간하게 말할 수가 없다.

면접을 하러 온 사람은

- I am here to interview.

면접을 받으러 온 사람은

- I am here to be interviewed.

라고 명확히 말하기 때문이다.

영어에서 때로는 그림이나 도표보다도 글이 더 정확할 때도 많을 정도이다. 그래서 영어권에서는 '글쓰기'가 무척 중요하다. 우리말도 글쓰기가 중요하지만, 영어권에서는 자신의 의견을 명확하게 글로 표현하는 것이 상당히 유리하기 때문에 그 중요도가 우리의 글쓰기보다 크다.

아무튼 우리말은 부정확할 때가 많다. 이로 인해 발생하는 손실이 분명히 있을 것이다. 하지만 여기서 강조하고자 하는 것은 이런 것이 무조건 약점은 아니라는 것이다. 이러한 애매모호함으로 인해 우리는 오히려 많은 혜택을 보고 있다.

아니, 부정확함이 혜택이라고? 그 이유를 앞의 예시를 통해 더 설명하면,

"저 면접하려고 왔는데요"라는 말을 듣거나 읽은 순간 우리는 생각을 해야 한다. 저 사람이 면접을 '받으러' 온 사람인가 '진행하러' 온 사람인가를 알아차려야 하는 것이다. 즉 자동적으로 더 생각을 넓게 해야 한다는 뜻이다. 이것으로 인해 개념을 넓게 생각할 수 있는 능력이 꾸준히 생기는 것이고 이것이 창의력까지 연결될 수 있다.

이러한 언어 특성으로 인해 다른 언어를 쓰는 민족에 비해 '융통성'이 뛰어나다. 우리 언어는 부정확함이 존재하지만 결코 발달되지 못한 언어가 아니다. 세계의 여러 언어 중에서도 상당히 수준 높은 언어임에 틀림없다.

이를 잘 이용하면 창의적인 사고를 요하는 분야에서 빛을 볼 수

있다. 실제로 우리나라의 어린이나 청년들을 보면 전반적으로 창의력이 뛰어나다. 각종 아이디어를 내는 자리, 예를 들어 세계 광고 경진대회 등에서 우수한 성과를 많이 낸다. 독특한 창의력 덕분이다.

그런데..

가만히 생각해보자. 현재 우리나라의 교육이 학생들에게 창의력을 키우는데 적합한 교육인가? 모두 아니라고 대답할 것이다. 오히려 창의력을 마구 억누르는 교육 현실이 대다수이다. 그럼에도 창의력을 발휘하는 학생들이 많은 이유는 바로 '우리말' 즉 한국어를 사용하기 때문이라고 말하고 싶다. 필자의 생각이지만, 한국어를 지속적으로 사용함으로써 증대되는 창의력을, 어릴 적에는 지속적으로 학교에서 억누르고, 성인이 되어 사회생활을 해도 창의력을 발휘하지 못하게 하는 환경에 오랜 기간 노출되어 있으니 어린 시절 발달하기 시작한 창의력은 나이가 들면서 점차 감소되는 것이라고 본다.

우리는 흔히 한국인의 강점 중에 하나가 '정'이라고 말한다. '정'이라는 단어는 영어에는 없는 표현이라는 것을 많은 사람들이 알고 있다. 당연하다고 생각한다. 한국어를 쓰지 않으면 '정'이라는 개념을 잡아낼 수가 없다. 정확함을 따지는 영어식 사고에서는 '정'이라는 개념이 나올 수가 없기 때문이다. 즉 '정'이라는 개념도 한국어를 쓰기 때문에 나온 것이다.

식당에서 반찬을 원하는 만큼 제공해 주는 것, 앞뒤 따지지 않고 이웃이나 친구를 도와주는 행위 등, 이런 것들을 우리는 '정'이라고 부른다. 도움을 주면 똑같이 받을 것을 항상 생각하는, 즉 '정확한 거래'

를 따지는 서양에서는 쉽게 생각할 수 없는 개념이다. 인간은 당장 눈앞에 것만 생각할 수밖에 없다. 그만큼 멀리 볼 수 있는 시각을 갖는다는 것이 무척 어렵다는 것이다. 우리말은 이런 인간의 한계를 극복하는데 많은 도움을 주는 언어이다. 실제로 '홉스테드'라는 유명한 네덜란드 학자가 오랜 기간 동안 연구한 나라별 특징에서 우리나라가 '장기지향성(멀리 보는 시각)'이 압도적으로 전 세계 1위를 차지하고 있다는 결과가 있다.

당장의 이익을 생각해야 하는 비즈니스 분야를 생각한다면, 이런 '정'의 개념은 비즈니스와는 어울리지 않은 것으로 생각할지 모른다. 하지만 조직을 다루는 일도 항상 눈앞에 보이는 정확함으로만 다룰 문제가 아니다. 전체를 아우르는 멀리 보는 능력이 필요하다. 실제로 서양권에서 이런 부분에 능력을 가진 서양인들이 많지 않기 때문에 '인도인' 출신의 CEO들이 제법 많다. 그 이유가 바로 이들의 동양적 사고 때문이다. 실제 서양인들이 창의력이 많다고 생각하는데, 일반적으로는 그렇지 않다. 그곳에서도 창의력을 발휘하는 사람들은 동양적 사고를 많이 하는 사람들이다. 이런 관점에서 보면 인도보다도 우리나라 사람들이 더 큰 능력을 가지고 있다고 할 수 있다. 그러나 인도인들은 대부분 영어를 잘하고 우리는 그렇지 못하다.

영어로 가장 큰 혜택을
볼 수 있는 민족

　　사람은 오른손잡이냐 왼손잡이냐로 구분할 수 있다. 오른손잡이는 왼손을 사용할 때는 힘이나 정교함이 떨어지게 마련이고, 오른손잡이임에도 왼손도 잘 쓰는 사람이 있긴 하겠지만, 완벽한 양손잡이는 거의 없을 것이다.

　　눈도 그렇다. 양쪽 눈을 번갈아 가며 눈을 가려보라. 어느 한쪽은 상이 변하지 않는데, 다른 쪽은 상이 변할 것이다. 가렸을 때 상이 변한 쪽 눈이 주 시력이다. 평상시에는 양쪽 눈을 다 사용하지만, 사격 등을 할 때는 한쪽 눈을 감고 주 시력을 사용하게 된다.

　　언어도 마찬가지이다. 앞서 얘기했듯이 생각도 언어로 한다는 것을 고려하면 언어도 주 언어가 있다. 그것이 모국어이다. 물론 하나의 언어만 구사한다면 이런 개념이 전혀 상관없겠지만, 2개 국어 이상의 언어 구사자도 역시 주 언어가 있기 마련이다(물론 주 언어도 상황에 따라 바뀌기도 한다).

　　한국어는 융통성을 기반으로 한 독특한 사고를 이끌어 내는 특징

이 있으며, 영어와 같은 서양권 언어들은 정확한 사고를 이끌어 내는 데 좋은 장점을 가지고 있다. 그렇다면 이 둘의 강점을 동시에 갖는 것이 가능할까? 그리고 한국어에 능통한 우리들이 영어식 사고를 제대로 익혀서 영어를 능숙하게 구사한다면, 우리의 융통성이 사라질까?

우리가 한국어를 주 언어로 사용하는 한 우리의 융통성은 사라지지 않을 것이다. 그런 관점에서 우리가 영어를 구사하게 되면 우리는 세상에서 가장 유연한 사고를 하면서도 정확성이 가미된 초인류가 될 수도 있다고 얘기하고 싶다. 그 증거를 대라고 한다면 아래와 같은 답변을 줄 수 있을 것이다.

사실 우리나라 사람 중(어린 시절을 한국에서만 보낸) 영어를 제대로 구사하는 사람은 거의 찾아보기 힘들다. 정말로 만나기 힘들다. 하지만 영어를 제대로 잘 구사하는 우리나라 사람들 중 성공하지 않은 사람을 찾는 것도 힘들다. 우리말을 모국어 기반으로 가진 상태에서 영어에 능숙한 사람들은 거의 다 사회적인 성공했다는 뜻이다. 영어가 우리에게 어려운 과제처럼 보이지만(우리식 사고를 벗어나면 결코 어렵지 않다) 이를 극복하면 그 혜택을 가장 많이 볼 수 있는 민족이 우리나라 사람들이다.

게다가 이 책에서 강조하는 영어식 사고를 제대로 하는 방법은 영어를 정확하게 구사하자는 것이었다. 우리에게는 이런 방법이 영어를 가장 쉽게 할 수 있는 길인 것이다. 그렇게 되면 원어민들과 경쟁에 있어서도 전혀 뒤처지지 않고 오히려 뛰어난 영어를 구사할 수 있게 된다. 그리고 앞서 얘기했듯이 이는 누구에게나 가능한 일이다.

모두가 똑똑해져야 모두가 잘 산다

각 시대별로 국민들이 평화롭게 어울리며 함께 잘 살기 위해 갖춰야 할 덕목이 있었다.

왕이 지배하는 시대 즉, 왕정시대에는 가장 중요한 덕목은 뭐였을까?

바로 '충(忠)'이다.

나라와 왕에게 집중하는 것이 사람들에게 가장 중요시됐다. 지금이야 권력자에게 충성하는 것이 뭐 그리 대단하다고 여길지 모르나, 당시에는 무조건 힘을 모아야 하는 시기가 있었다. 권력이 한 곳에 집중되어야 나라가 평온하고 외세의 침략으로부터 보호를 받을 수 있었기 때문이다. '충'이 곧 개인의 생존과 직결되던 시대였다.

국가나 사회를 위해 요구되는 개개인들의 역량도 단순한 그들의 노동력이었다. 지적 능력은 크게 중요하지 않았다. 지적 능력은 일부 지도자들만 갖추면 되는 것이었고, 보통의 사람들에게는 '몸'이 더 중요했지, 그들의 '머리'가 중요하지 않았다. 게다가 권력이나 부의 독점

자체에 물리적인 한계가 있었기 때문에 정작 힘은 어느 정도 자연스럽게 분산되던 시기였다. 경제적으로도 '돈'보다 '실물'이 더 중요했고 그것은 당연히 물리적인 제한을 받을 수밖에 없으니, 권력의 집중화에 한계가 있었고 이를 극복하기 위해 '충'이라는 덕목을 가장 우선시 한 것이다.

하지만 현대 사회는 어떨까? 자본주의에서의 '돈'은 물리적인 제한이 없다. 게다가 정보화 시대에서는 '정보'도 힘이다. 오히려 권력의 편중이 쉽게 이루어질 수 있는 시대이다.

그렇다면, 현대인들이 국민으로서 덕목으로 삼아야 할 것은 뭘까?

바로 '지(知)'라고 생각한다.

누군가 나를 대신 지켜주지 않는다. 다행인 것은 민주주의라는 정치형태로 인해 권력이 어느 정도 분산되어 있다. '내 목소리'에도 힘이 있다는 뜻이다. 이때 필요한 것이 바로 '아는 힘'인 것이다. 뭘 제대로 알아야 개개인의 권력들이 올바르게 행사될 수 있다. 사람들이 각자 가진 권력에 모두 책임이 있다.

　과학이 발전하고, 기술이 발전하고, 인공지능(AI)이 발전하면서 더더욱 인간의 노동력의 중요성이 떨어지고 있다. 게다가 단순 지식, 기술에 대한 중요성도 떨어지고 있다. 즉 세상이 어떻게 변하고 있는지 제대로 인지하고 있어야 내 권리를 스스로 지켜낼 수 있는 것이다. 그리고 다 함께 잘 살 수 있다.

　영어공부를 논하다가 이야기가 너무 비약적으로 비춰 보일 순 있다. 그러나 필자의 활동 분야가 열등생들의 영어교육에서 시작되었지만, 이로 인한 성과들은 이 책에서 설명한 바와 같이 비약적으로 커지고 있으며 이를 계속해서 직접 경험하고 있다. 다 함께 새로운 방식으로 고민하고 노력한다면 우리 사회도 조금 더 긍정적으로 변하지 않을까 생각한다.

　아울러 기타 궁금한 사항이나 의견 제시, 강연 혹은 도움의 요청 등이 필요할 경우에는 boglish2@gmail.com을 통해 독자분들과 소통할 방침이다.

영어는 개소리

1판1쇄 발행 2019년 2월 11일

지은이 이승범

펴낸이 강준기

펴낸곳 메이드마인드

디자인 김소아

주소 서울시 마포구 용강동 67-1 인우빌딩 5층

주문 및 전화 0507-1470-3535

팩스 0505-333-3535

이메일 mademindbooks@naver.com

출판등록 2016년 4월 21일 제2016-000117호

ISBN 979-11-964091-4-2